MOLIÈRE

L'École des femmes

L'ESCOLE

DES

FEMMES.

COMEDIE.

Par I. B. P. MOLIERE.

A PARIS,

Chez LOVIS BILLAINE, au second Pilier
de la grand' Salle du Palais, à la Palme,
& au Grand Cesar.

M. DC. LXIII.

Auec Priuilege du Roy.

MOLIÈRE

L'École des femmes

Myrna Bell Rochester

Eileen M. Angelini
Philadelphia University

Focus Student Edition
Focus Publishing/R Pullins Company
Newburyport MA 01950

Cover illustration by Amy Roemer, www.amyroemer.com
Cover design by Guy Wetherbee, Elk Amino Design, New England,
elkaminodesign@yahoo.com

ISBN 10: 1-58510-154-0
ISBN 13: 978-1-58510-154-2

11 10 9 8 7 6 5 4 3

Table des matières

L'ESCOLE DES FEMMES

Introduction

L'École des femmes, mise en scène pour la première fois en décembre 1662, marque la création par Molière de sa propre version de la « nouvelle » ou de la « grande » comédie française. Depuis plus de 300 ans, elle continue à être jouée, lue, aimée — et imitée — dans le monde entier, en plusieurs langues et dans différentes cultures. Cette pièce a assuré la renommée de son auteur, ouvrant ainsi la voie aux comédies dramatiques les plus significatives de la fin de sa carrière: *Le Tartuffe ou l'imposteur*, *Le Misanthrope* et *L'Avare*.

Molière (1622–1673)

Molière est le nom de plume et de théâtre de Jean-Baptiste Poquelin. Il est né à Paris d'une famille bourgeoise aisée. Son père, Jean Poquelin, était tapissier du roi Louis XIII, une fonction à la fois honorifique et artisanale, puisque les tapissiers s'occupaient du mobilier royal et de tous les rites qui s'y rattachaient. Sa mère, Marie Cressé, est morte quand il n'avait que dix ans. En 1637, à l'âge de quinze ans, son père lui a assuré la survivance — la succession — de la charge de tapissier du roi.

Molière a fait ses études au collège de Clermont, à l'époque une école jésuite, actuellement le lycée Louis-le-Grand à Paris. Jeune, il a subi l'influence des philosophes et des savants tels le sceptique Pierre Gassendi (1592–1655) et François Bernier (1620–1688), ainsi que des écrivains Cyrano de Bergerac (1619–1655) et Chapelle (1626–1686), qui est devenu un de ses meilleurs amis. Ensemble, ils ont redécouvert la morale épicurienne, qui cherche à supprimer la souffrance et la contrainte, et à assumer l'indépendance de la pensée par rapport aux enseignements de l'Église, une indépendance également revendiquée par le libertinage.

Après avoir fini ses études au collège de Clermont, Jean-Baptiste a poursuivi des études de droit à Orléans où il a obtenu sa licence en 1643, à l'âge de 21 ans. Il s'est inscrit au barreau comme avocat, mais il n'a exercé que quelques mois, car c'est à ce moment-là qu'il s'est lié avec le milieu du théâtre. Par conséquent, il a également renoncé brusquement à la charge de tapissier du roi. Pourtant, la rupture de Jean-Baptiste avec son père ne semble pas avoir été profonde. Car nous savons en effet qu'en le libérant de la charge de tapissier, Poquelin père a accordé à son fils la somme de 630 livres (que ce dernier a tout de suite placée dans son nouvel Illustre-Théâtre).

Jean-Baptiste est resté en contact avec sa famille.[1] Son frère cadet a ensuite pris la charge de tapissier en 1654. Cependant quatre ans plus tard, le frère de Molière est mort. Molière a alors repris cette charge (quinze ans après y avoir renoncé) et s'est ainsi rapproché du roi Louis XIV.

La démission initiale de la charge de tapissier en 1643 a été suivie de près par la signature du contrat qui a fondé l'Illustre-Théâtre (le 30 juin 1643) et par le début de la liaison ouverte de Jean-Baptiste avec une comédienne, Madeleine Béjart (née en 1618). La troupe de l'Illustre-Théâtre s'est installée au jeu de paume des Métayers, à Paris, faubourg Saint-Germain.

Le 26 juin 1644, Jean-Baptiste Poquelin a pris le nom de « Molière » (il ne s'est jamais expliqué sur le choix de son pseudonyme) et sa troupe a monté sa première pièce, une pièce d'un acte. Mais la troupe a connu de graves difficultés financières, et en dépit du fait qu'elle a déménagé au jeu de paume de la Croix-Noire, les dettes ont continué à s'accumuler. En 1645, la troupe était toujours criblée de dettes, et Molière, le directeur responsable, a été deux fois emprisonné. Après son deuxième emprisonnement pour dettes, Molière a décidé de quitter Paris avec ses comédiens pour rejoindre en province la troupe de Charles Dufresne. Cette collaboration en province a duré treize ans (jusqu'en 1658) et a confirmé que le théâtre était pour Molière une vocation irrésistible.

En octobre 1658, la troupe est retournée à Paris, se plaçant sous la protection de Monsieur, le frère du roi. C'est grâce à ce dernier que Molière et sa troupe ont pu s'installer au théâtre du Petit-Bourbon (puis à la salle du Palais-Royal) et qu'ils ont été présentés au roi et à la reine et qu'ils ont même reçu une pension.

Le succès en 1659 de sa farce satirique, *Les Précieuses ridicules*, a assuré la fortune de Molière. En 1662, l'important succès de sa comédie en cinq actes, *L'École des femmes*, a créé tant de jalousies et de controverses qu'il lui a fallu écrire une suite à cette pièce. *La Critique de L'École des femmes*, une longue discussion non versifiée en un acte, jouée pour la première fois en juin 1663, est remplie de personnages qui critiquent et qui justifient la pièce précédente. Ce stratagème très spirituel a fini par apporter à Molière la faveur du jeune roi, Louis XIV.

Dès lors, la plupart des pièces de théâtre de Molière ont été jouées en présence de Louis XIV. Pendant une quinzaine d'années, Molière a mené une vie très active: en tant que directeur responsable du théâtre, metteur en scène, acteur principal et auteur de vingt-neuf pièces. Cependant, le succès théâtral de Molière a été entrecoupé de crises et de scandales. Il avait de nombreux ennemis dangereux qui tentaient (et réussissaient parfois) à mettre son travail et sa réputation en doute. Molière a aussi souffert en raison de la fidélité suspecte de sa jeune épouse, Armande Béjart, qui avait vingt ans de moins que lui. Il n'est toujours pas clair si Armande était la fille ou la sœur de Madeleine Béjart, l'ancienne maîtresse de Molière. Cependant, il est clair que lorsque la liaison entre Molière et Madeleine a débuté, Armande avait juste

---

1 Roger Duchêne (*Molière*, 1998) nous rappelle que Jean-Baptiste a dû obtenir le consentement de son père dans ce cas, parce qu'à l'époque la majorité était établie à 25 ans.

cinq ans — un parallèle de la situation entre Arnolphe et Agnès dans *L'École des femmes*. On peut facilement penser que les événements de sa propre vie ont donné naissance à la création de *L'École des femmes*. En effet, Molière s'est inspiré de ses propres inquiétudes; il est par conséquent facile de comprendre pourquoi *L'École des femmes* — qui révèle une sincérité jusque-là inconnue sur la scène française — est importante dans la carrière de Molière et, plus généralement, pour le genre de la comédie.

À partir de 1665, la santé de Molière s'est détériorée. Souffrant terriblement d'une maladie d'origine pulmonaire, il toussait constamment et crachait du sang. À l'âge de 51 ans, il a été pris d'une convulsion pendant qu'il jouait dans une représentation du *Malade imaginaire* et il est mort quelques heures plus tard. N'ayant jamais renié sa vie de comédien devant un prêtre, Molière a été excommunié de l'Église; il n'avait donc pas droit à des funérailles chrétiennes. Cependant, Louis XIV, qui avait été longtemps un ami fidèle, est intervenu pour que Molière ait des funérailles chrétiennes. On l'a enterré dans la nuit du 21 février 1673, dans une partie du cimetière spécifiquement réservée aux enfants non baptisés.

Molière reste un des auteurs dramatiques les plus aimés de France. Ses personnages, comme Arnolphe, Agnès, Dom Juan et Tartuffe, demeurent facilement reconnaissables. En outre, son succès s'est répandu dans le monde entier et au moins une de ses pièces figure dans toute anthologie littéraire du XVIIe siècle.

❧ ❧ ❧

Sommaire par acte de *L'École des femmes*

Acte I

La pièce débute avec une discussion sur le mariage entre Arnolphe et son meilleur ami Chrysalde. Arnolphe ne craint pas le mariage; il pense qu'il n'a aucun risque d'être cocu (mari trompé) car il a élevé lui-même sa future femme, Agnès, une jeune fille innocente. Arnolphe invite Chrysalde à dîner chez lui le soir même pour faire la connaissance d'Agnès et pour que ce dernier constate combien ses projets de mariage marchent bien. Après le départ de Chrysalde, Arnolphe vérifie que tout va bien avec Agnès.

Ensuite, le fils de son ami Oronte, Horace, arrive sur la place devant la maison d'Arnolphe. Arnolphe lui prête de l'argent. Il apprend alors qu'Horace est tombé amoureux d'une jeune fille qui s'appelle Agnès. On peut imaginer la réaction d'Arnolphe à cette nouvelle. Arnolphe, qui vient de prendre le nom « de la Souche » — pour se vêtir d'un air aristocratique, puisqu'il compte fonder une « maison », et peut-être pour cacher sa vraie identité auprès d'Agnès — entend Horace prononcer innocemment le nom du tuteur de sa bien-aimée: c'est Monsieur de la Souche. Arnolphe se jure de suivre attentivement les actions d'Horace.

Acte II

Quand Arnolphe se rend compte qu'Horace et Agnès s'aiment, il devient très jaloux. Il est sévère avec son valet Alain et sa servante Georgette pour avoir permis les visites d'Horace à Agnès pendant son absence. Quand Arnolphe interroge Agnès, il se rend compte qu'elle est bien le produit de l'éducation qu'il a lui-même dispensée. Arnolphe annonce à Agnès son projet de la marier le soir même sans lui dire avec qui. Agnès, qui croit qu'elle va se marier avec Horace, est très heureuse, mais Arnolphe lui explique qu'elle en épousera un autre.

Acte III

Arnolphe fait à Agnès un sermon strict sur le mariage et lui donne un livre de maximes qu'elle doit attentivement lire, étudier et comprendre. Pour le moment, Arnolphe est calme car Agnès lui a dit qu'elle avait jeté un caillou à Horace pour l'empêcher d'entrer chez elle. Mais peu après cependant, Horace, triste et découragé, arrive chez Arnolphe, et Arnolphe apprend que le caillou qu'Agnès a jeté contenait un billet doux. En écoutant la lettre d'Agnès qu'Horace lui lit à haute voix, Arnolphe se rend enfin compte de la vraie intelligence et de la sensibilité de sa jeune pupille. « Il le faut avouer, l'amour est un grand maître. » (v. 900) À partir de ce moment, l'esprit et l'assurance d'Agnès ne feront qu'évoluer.

Acte IV

Arnolphe est fou de jalousie et furieux que son projet de se marier avec une jeune fille innocente tourne au désastre. À la prochaine visite d'Horace, Arnolphe apprend que le jeune homme a un rendez-vous avec Agnès ce soir-là. Arnolphe a maintenant l'intention d'attraper les deux amants. Il promet une somme d'argent à Alain et à Georgette pour qu'ils battent Horace à coups de bâton lorsque ce dernier entrera dans la chambre d'Agnès. C'est à ce moment-là que Chrysalde arrive chez Arnolphe et lui donne de nouveaux conseils sensés et mondains à propos du mariage et des femmes. Arnolphe ne semble pas en tenir compte.

Acte V

Arnolphe craint qu'Alain et Georgette n'aient trop battu Horace et qu'ils ne l'aient tué en le frappant sur la tête et non sur le dos comme il leur avait demandé. Mais Horace arrive en expliquant qu'il a fait semblant d'être gravement blessé et après le départ d'Alain et de Georgette, Agnès est venue l'aider. Les deux amants se sont échappés et maintenant Horace demande l'aide d'Arnolphe pour mettre Agnès à l'abri. Bien sûr, Arnolphe est ravi d'avoir à nouveau Agnès sous sa protection. Agnès est complètement bouleversée quand elle découvre l'identité de l'homme qui est en train de l'emmener.

C'est à ce moment-là qu'Oronte, le père d'Horace, arrive avec son ami Enrique, revenu dans son pays après avoir passé quatorze ans en Amérique, où il a fait fortune. Oronte a l'intention d'annoncer que son fils Horace va se marier avec la fille unique d'Enrique (issue d'un mariage secret avec Angélique, la sœur de Chrysalde). Encore une fois, Horace demande naïvement l'aide d'Arnolphe, car il veut épouser Agnès et non pas avec la fille d'Enrique. Chrysalde laisse échapper le pseudonyme d'Arnolphe (« Monsieur de la Souche ») en présence d'Horace, ce qui lui révèle l'identité du détestable tuteur de sa bien-aimée. Mais tout finit bien pour Horace et Agnès car on apprend en effet qu'Agnès est la vraie fille d'Enrique. Sans le savoir les deux pères ont arrangé un mariage d'amour. Chrysalde conseille à Arnolphe qu'il vaut mieux qu'il reste célibataire.

⚜ ⚜ ⚜

Les unités et les bienséances du théâtre classiques

La réussite de *L'École des femmes* tient en partie du fait qu'elle adhère aux unités théâtrales, caractéristiques des tragédies classiques françaises du XVIIe siècle: l'unité d'*action*, l'unité de *lieu* et l'unité de *temps*. Molière les connaissait déjà très bien. En tournée en province et à Paris, avant de commencer à écrire ses comédies, Molière a monté et a joué dans de nombreuses tragédies de son confrère, le grand tragédien Pierre Corneille.

Adaptée comme les autres unités des écrits anciens du philosophe grec Aristote et du poète romain Horace, l'unité d'*action* exige que l'œuvre possède une intrigue centrale claire et simple, sans complications inutiles (telles des sous-intrigues). Et en effet, toute l'action de *L'École des femmes* tend au même objectif: montrer que le projet d'Arnolphe — si sûr de lui et de son idéal d'un mariage tranquille sans « cocuages » — est voué à l'échec. Sur la scène, les révélations multiples et répétées d'Horace à Arnolphe, sans laisser à Arnolphe le temps de se remettre de la précédente, construisent le comique. Arnolphe et son système d'éducation s'écroulent devant nous, le bonhomme s'énervant et se ridiculisant de plus en plus.[2]

Selon les unités de *lieu* et de *temps* classiques, l'action de la pièce doit se dérouler en un même lieu et en un espace de temps fixé à 24 heures. Sur la scène, nous voyons « une place de ville » sur laquelle donnent les deux maisons d'Arnolphe, celle où il habite et celle où habite Agnès; on ne sait pas en effet de quel pays il s'agit. Quant à l'unité de temps, l'action commence le matin avec le retour d'Arnolphe de la « campagne » et ses rencontres avec Chrysalde, et ensuite avec Horace; elle se termine le lendemain matin, après une nuit très agitée. À dire vrai, lequel des personnages a dormi cette nuit-là (entre l'Acte IV et l'Acte V)?

Dans *L'École des femmes*, les exigences de l'unité de lieu ont pourtant introduit certains inconvénients: par exemple, Arnolphe doit continuer à rester dehors même après ses tentatives désespérées de rentrer chez lui (Acte I, Sc. 2); ses domestiques doivent descendre dans la rue pour recevoir leurs instructions (Acte IV, Sc. 9); Agnès

---

2 « Ce qui me paraît plaisant, c'est qu'un homme qui a de l'esprit et qui est averti de tout par une innocente et par un étourdi, ne puisse avec cela éviter ce qui lui arrive. » (*La Critique de L'École des femmes*, Sc. 6)

doit écouter le sermon conjugal et lire à haute voix les maximes du mariage sur la place, à la vue de n'importe quel passant (Acte III, Sc. 2).

C'est au niveau des *bienséances* (c'est-à-dire, de la décence, de la conformité aux usages de la « bonne société ») que nous voyons Molière commencer à transgresser les règles coutumières. Il est vrai qu'il peut ainsi garder le contact avec la farce traditionnelle et la *commedia dell'arte* italienne, deux genres qui ont beaucoup contribué à son talent. Cependant, aujourd'hui, c'est sa révolte, sa hardiesse en face du conformisme social qui nous intéresse particulièrement. Les *bienséances* contemporaines de Molière consistaient en un régime de prohibitions scéniques. Il y avait d'abord *la décence visuelle*: étaient prohibés les actes de violence ou d'indécence; combats, viols, morts ensanglantés étaient invisibles. Il faut rappeler que ces sortes d'actions faisaient bien partie du théâtre français pré-classique et non classique, même à l'époque de Molière.

Les incidents les plus mouvementés de *L'École des femmes* (tels que la première rencontre d'Agnès et d'Horace, les coups de bâton infligés sur Horace par Alain et Georgette, Horace se cachant dans l'armoire d'Agnès à l'arrivée d'Arnolphe, etc.) ne sont pas joués sur scène et demeurent le sujet de récits narrés par les personnages qui y ont pris part. Dans une farce traditionnelle — ou dans la *commedia dell'arte* — le spectateur aurait été témoin de la plupart de ces incidents.

Ensuite, *la décence de langage*: les paroles ou expressions considérées obscènes ou simplement indécentes étant interdites, ce théâtre a créé un vocabulaire spécial pour faire allusion à certaines choses sans les nommer (le terme « courtisane » remplace « putain »; « gorge » remplace « sein »...). Molière était pourtant un virtuose de la plaisanterie équivoque (à double entente), où l'assistance est invitée à tirer ses propres conclusions, telle la célèbre scène du « le... » où il est question de la perte du « ruban » d'Agnès (Acte II, Sc. 5). Les ennemis de Molière se plaisaient à exposer et à fustiger chacun de ces stratagèmes langagiers.

Finalement, *la protection du sacré*: Dieu et les prêtres (et tout ce qui tenait de la religion) étaient bannis du théâtre classique. On dit que cela dérivait de la peur de mélanger le sacré et le profane. Mais Molière dans *L'École des femmes* incite à dessein la colère de ses détracteurs pieux en détournant le langage religieux vers des fins comiques. Voir les justifications autoritaires d'Arnolphe dans la scène des *Maximes du mariage* (Acte III, Sc. 2), où Molière fait aussi allusion aux couvents, aux religieuses et à l'enfer. Le langage même des maximes relevait de certains textes utilisés à l'époque par les directeurs de conscience. Deux ans après *L'École des femmes*, *Tartuffe* de Molière mettra en scène une large terminologie religieuse et un méchant vêtu en prêtre.[3]

---

3 Pendant son vivant, la famille royale a continué à protéger Molière contre ses accusateurs qui appartenaient aux partis religieux. Mais dix ans après la mort de Molière (1673), sous l'influence de Mme de Maintenon, le roi Louis XIV s'est converti publiquement au catholicisme. Dès lors, les détracteurs de Molière ont pu se déchaîner contre tout ce qu'ils trouvaient d'immoral et d'impie dans la tradition moliéresque.

La question féminine

Arnolphe invective contre les intellectuelles qu'il compare aux « libertines » et aux « précieuses »[4] de son temps, et craint que son trésor, Agnès, ne s'échappe pour se rattacher à elles. Le public de Molière n'avait sûrement pas de difficulté à reconnaître Arnolphe et son discours misogyne. Car il reflète en effet l'opinion largement répandue, dans tous les milieux: la femme était jugée inférieure, faible, susceptible. L'éduquer ne pourrait mener qu'au désastre (pour l'homme qui tient le pouvoir?). Molière a créé Arnolphe pour pousser cette opinion à l'extrême « L'une est moitié suprême et l'autre subalterne. » (v. 703); le personnage devient le porte-parole des ennemis des Précieuses. Chez Molière cette position extrême devient vite un objet de ridicule car, bien que nous n'y pensions presque plus aujourd'hui, la question féminine était au XVIIe siècle un important sujet de débats intellectuels. La supériorité des femmes était soutenue par des penseurs (pré-)féministes (ce n'étaient pas tous des femmes) contre les champions de la supériorité masculine.

Si Arnolphe, obsédé par les dangers qu'il court vis-à-vis des femmes spirituelles, tient la scène tout au long de *L'École des femmes*, la grande nouveauté de la distribution est Agnès elle-même, souvent considérée la première *jeune fille* de la littérature française. Avec ce personnage Molière rend hommage à l'intelligence de la femme et défend son droit au bonheur.

Personnage comique, Agnès n'est pas pour autant ridiculisée. Sa situation nous touche profondément: un être tenu dans l'ignorance, qui s'en rend compte instinctivement et fait les premiers pas pour s'en libérer. De nature débrouillarde, en dépit de sa naïveté, Agnès sait profiter des occasions qui lui ont été données. En découvrant l'amour, elle s'instruit sur le monde. Le spectateur voit naître petit à petit chez Agnès une conscience et une puissance humaines. Cette évolution la poussera à s'épanouir dans son langage comme dans ses manières. D'autres auteurs et dramaturges se tourneront vers cette histoire: au XXe siècle, Gigi de Colette et Eliza Dolittle de G. B. Shaw seront bâties à l'image d'Agnès.

Qu'était le mariage au XVIIe siècle? Surtout un contrat social et une transaction financière, comme nous le rappelle la scène du notaire (Acte IV, Sc. 2). Agnès n'a aucune fortune (que sache Arnolphe); donc elle n'aura pas de *dot* (les biens apportés par la femme au mariage) et ainsi sera d'autant plus dépendante de lui. L'amour, tel que nous le concevons aujourd'hui, ne figurait guère dans le mariage traditionnel. Dans *L'École des femmes*, l'amour entre Horace et Agnès dépasse cet ancien modèle du mariage, et rend leur histoire tout à fait moderne.

Arnolphe à son tour découvrira l'amour, mais beaucoup trop tard. Au début, Agnès n'est pour lui qu'un objet. Toute l'existence de la jeune fille se résume au projet d'Arnolphe dont l'arrogance démesurée disait qu'il pouvait *créer* sa femme, « Choisir une moitié qui tienne tout de moi » (v. 126). De plus, Arnolphe est certain que l'ignorance où il croit la tenir durera à jamais. Mais le choc qu'il subit à la

---

4 Sur les Précieuses, voir plus loin, dans le texte, les notes 11 et 23.

destruction de son projet déclenche en lui des émotions tout à fait inattendues, qui finissent par lui rendre une part de son humanité:

> Ce mot, et ce regard désarme ma colère,
> Et produit un retour de tendresse de cœur,
> Qui de son action m'efface la noirceur.
> Chose étrange d'aimer, et que pour ces traîtresses
> Les hommes soient sujets à de telles faiblesses! (v. 1569-1573)

Ainsi Arnolphe apprend à aimer d'un amour sincère, et c'est là sa punition la plus cruelle: dès lors il comprendra l'amour qu'éprouvent (ou qu'ont éprouvé) les autres, Horace et Agnès, et même Enrique et Angélique, les parents d'Agnès. Cette comédie illumine donc deux prises de conscience; celle d'Agnès, axée sur sa vie future, et celle d'Arnolphe qui n'aura à l'avenir que des regrets amers.[5]

Le comique

Pourquoi rit-on? Pour le philosophe Henri Bergson, dans son célèbre essai sur *Le Rire*, c'est d'une part l'observation (par le spectateur) d'une certaine « raideur de mécanique » chez le personnage comique qui s'obstine à poursuivre ses occupations avec une régularité mathématique, tandis que le petit univers qu'il s'est créé s'effondre autour de lui. Ce sont ses opposés qui mènent cet effondrement; eux, ils manifestent une « souplesse attentive et la vivante flexibilité d'une personne ».[6]

N'est-ce pas le cas d'Arnolphe dont le système de l'anti-éducation (des femmes) et l'idée fixe d'un mariage à l'écart du monde explosent devant nos yeux? Les forces de la raison et du bon sens (Chrysalde), du jeune amour et de la sensibilité (Agnès, Horace) et de la chance (Oronte, Enrique) — qui relèvent toutes de l'humanité — conspirent à détruire l'univers imaginé d'Arnolphe.

R. J. Berg à son tour a réparti les procédés comiques chez Molière en plusieurs catégories. Selon ce critique, on y découvre:

- le *comique de mots* qui dérive du langage, lorsqu'on joue sur *le son* ou *le sens* des mots. Voir les propos d'Agnès (Acte II, Sc. 5) qui répond innocemment aux questions de son tuteur; là, les deux interlocuteurs tirent des significations diverses des mêmes mots.

- le *comique de gestes.* Celui-ci est visuel et consiste en des jeux de scène: grimaces, roulements d'yeux, coups de bâton, coups qui se trompent d'objectif; c'est, au fond, le *slapstick.* Les scènes où figurent Alain et Georgette — personnages de la farce traditionnelle — en sont remplies.

---

5 On a souvent comparé Arnolphe à un héros tragique classique, chez qui le défaut inné ou la faiblesse tragique, ainsi que l'influence du hasard (les dieux, les étoiles, les astres), contribuent à décider le sort.

6 Henri Bergson, *Le Rire: essai sur la signification du comique* (Paris: PUF, 1940 [1962]), p. 8.

- le *comique de situations*. Plus intellectuel, il dépend de la situation où se trouve un personnage. Souvent il se base sur la contradiction: un changement brusque de sentiments, la différence entre un acte et le langage qui le décrit, l'inversion de rôles (par exemple, le voleur volé), etc. Une situation peut présenter plusieurs sens différents, quand, par exemple, les spectateurs sont au courant de quelque chose qu'un personnage ignore. C'est le cas du *quiproquo* (méprise sur l'identité), qu'on voit également dans les comédies de Shakespeare. Dans *L'École des femmes*, c'est Horace qui devient un objet de rire, lorsque nous l'observons — durant quatre actes et plus — confier tous ses secrets à Arnolphe, sans savoir que ce dernier et M. de la Souche ne font qu'une personne. Toute l'intrigue de la pièce se base sur cette méprise.

- le *comique de mœurs* satirique. Le dramaturge s'y moque de la façon d'agir ou de parler des personnages qui appartiennent à un groupe distinct (profession, croyance, idéologie, classe, nation, etc.). C'est un comique qui tend à se démoder avec le temps. Ainsi, dans *L'École des femmes*, lorsque Molière s'en prend aux représentants de l'autorité masculine et de la religion de son époque (le notaire pédant, le vieil amant vêtu en dévot religieux), il est bien possible que cela nous frappe moins aujourd'hui.

Votre lecture et/ou votre visionnement de *L'École des femmes* s'enrichiront énormément si vous restez attentifs à toutes ces possibilités comiques. Vous pourriez, par exemple, essayer de caractériser chacune des scènes de la pièce selon sa technique comique la plus cohérente.

Le sérieux de la nature humaine

Le *comique de caractères* est pourtant considéré plus profond que les autres. C'est en cela que l'art de Molière se révélera le plus remarquable. Ce comique ridiculise le personnage en tant qu'exemple d'un type humain « permanent »: c'est le cas du menteur, du jaloux, du misanthrope, de l'avare... et chez Arnolphe (en nous servant d'une désignation beaucoup plus moderne), du machiste autoritaire et patriarcal. Berg trouve le comique de caractères le plus difficile à réaliser, « mais si l'auteur sait rendre avec art des analyses psychologiques pénétrantes, la peinture des caractères peut réussir l'épreuve du temps ». (Berg 303).

Le critique littéraire Paul Bénichou nous a rappelé que Molière est un *moraliste* dans le sens que, comme tout bon auteur comique, il sait se ranger du côté du public le plus vaste de son époque. Il sait flatter ce public en visant les tendances mêmes dont ce public se moque déjà, chez lui-même et chez les autres, « [Molière] se fait ainsi l'avocat de la sagesse ordinaire contre les ridicules les plus divers. » (Bénichou 210) Il paraît s'accorder, apparemment sans effort, aux idées répandues dans la société polie de son temps. La campagne contre Molière et son œuvre, menée par de petites sectes de dévots, parallèles à la société des « honnêtes hommes », était d'autant plus acharnée que Molière et sa troupe étaient patronnés par la famille royale. Cette protection leur a pourtant valu un prestige et une popularité inestimables à l'époque.

Dans *L'École des femmes* la monomanie dont se moque Molière est la crainte profonde d'Arnolphe de se voir, en se mariant, rejoindre la confrérie des maris trompés, qu'il observe déjà de façon obsédée depuis vingt ans. L'aveuglement obsessif d'Arnolphe préfigure celui des autres personnages archétypiques de Molière: le bigot Orgon mené par Tartuffe, son directeur de conscience (*Tartuffe*), le mélancolique et trop sincère Alceste (*Le Misanthrope*), et l'avare Harpagon, pour qui tout est avarice et commerce (*L'Avare*). Ils incarneront les excès dangereux auxquels la nature humaine est éternellement sujette. La critique a toujours trouvé une valeur permanente dans les qualités universelles de cet exposé des excès humains où « chaque individu même pourrait trouver de quoi corriger ses misères. » (Bénichou 241)

Controverses et critiques

> « La vérité, c'est que Molière a pour toute morale ascétique une hostilité raisonnée et de principe, qu'il fait confiance à la vie, à la spontanéité, à la liberté. » (Adam 284).

Les accusations d'impiété (voir les *Maximes du mariage*), de vulgarité et même d'obscénité (énonciation sur scène de la « tarte à la crème » et du « potage »), lancées par certains dévots et même par ses confrères du monde du théâtre, ont commencé dès la première représentation de *L'École des femmes*. Son auteur a été accusé de plagiat (les situations ressemblaient à celles d'autres contes) et de techniques scéniques faciles: d'avoir utilisé, par exemple, trop de « récits » sur scène. En bon homme du théâtre, Molière a choisi de répondre à cette cacophonie de critiques en écrivant deux autres pièces.

En mars 1663 il a rédigé *La Critique de L'École des femmes*, une pièce en un acte et en sept scènes. Montée en juin 1663, les personnages de la *Critique* y répondent, avec mesure et beaucoup de bon sens, point par point aux accusations venant de tous côtés. Molière s'est brillamment défendu contre ses détracteurs, assurant ainsi sa réputation et sa célébrité auprès du grand public et de la cour royale.

En octobre 1663, plusieurs mois après *La Critique de L'École des femmes*, Molière, toujours créatif, spirituel et sûr de lui, a encore une fois répondu à ses critiques en montant *L'Impromptu de Versailles*. Sous le prétexte d'organiser une répétition improvisée de sa troupe, il rassemble ses acteurs — Brécourt, De la Grange, Du Croisy, Mesdemoiselles du Parc, Béjart, de Brie, etc. — dans une salle du palais de Versailles, pour leur y expliquer sa conception du drame et de la comédie. Tout en définissant la poétique d'un art dramatique à la fois rigoureux et innovateur, il y règle ses comptes contre les forces conservatrices et contre la troupe de l'Hôtel de Bourgogne, entre autres.

Le plaisir du jeu

Bénichou trouve que Molière est au fond « le champion du bon sens et de la simplicité ». Molière, surtout acteur et metteur en scène, n'était pas un grand théoricien, mais il parlait souvent du *plaisir du jeu*. Il travaillait pour plaire au roi, à la cour royale et à son public d'« honnêtes gens »; aujourd'hui c'est nous qui avons le privilège d'être ses héritiers.

> Vous êtes de plaisantes gens avec vos règles. Il semble, à vous ouïr
> parler, que ces règles de l'art soient les plus grands mystères du
> monde [...] Je voudrais bien savoir si la règle de toutes les règles n'est
> pas de plaire et si une pièce qui a attrapé son but n'a pas suivi le bon
> chemin. (« Dorante », *La Critique de L'École des femmes*, Sc. 6)

> On sait bien que les comédies ne sont faites que pour être jouées et
> je ne conseille de lire celle-ci qu'aux personnes qui ont des yeux pour
> découvrir dans la lecture tout le jeu du théâtre. (Molière, « Avis au
> lecteur », *L'Amour médecin* [1665]).

Est-ce possible de *lire* une pièce de théâtre — faite pour être jouée sur scène — comme si on la voyait ? Heureusement nous pouvons aujourd'hui voir des productions théâtrales des pièces classiques, même en étant très loin dans le temps et dans l'espace où ont lieu ces représentations. Ainsi, un ou deux visionnements — sous forme de DVD ou de VHS — vous offrira une compréhension précieuse et beaucoup plus profonde du texte que si vous ne faisiez que le lire. Nous vous conseillons de ne pas perdre l'occasion de voir des versions filmées des œuvres de Molière, ou mieux, d'aller voir des représentations théâtrales qui auront lieu sur votre campus ou dans votre ville.

⚜ ⚜ ⚜

Notes stylistiques

L'École des femmes est une comédie en vers et en cinq actes. Chaque acte est divisé en plusieurs scènes, dont la longueur varie considérablement. L'arrivée ou la sortie d'un personnage ou de plusieurs personnages sur la scène signale un changement de scène.

En France la plupart des comédies avant Molière, relevant de la farce traditionnelle, étaient « petites » (en un acte). En tournée et aussi à Paris, la troupe de Molière jouait les farces à la suite d'une tragédie — comme plus récemment au cinéma un dessin animé avant ou après un film. En 1661, *Dom Garcie de Navarre* de Molière avait déjà cinq actes; la pièce a échoué. Son *École des maris* en avait trois. La comédie en cinq actes trouve ses sources dans les tragédies classiques de Pierre Corneille (et plus tard, de Jean Racine), qui, à leur tour, avaient adopté les règles dramatiques d'Aristote et du poète latin Horace. Avec *L'École des femmes* cette « nouvelle » comédie atteint un niveau heureux et équilibré qui plaît beaucoup au grand public.

Indications scéniques

La version de *L'École des femmes* que nous offrons ici est destinée à la lecture; elle ne comporte pas les détails qu'il faudrait pour la mettre en scène. Elle offre pourtant certaines indications scéniques qui vous guideront; elles sont en italique dans le texte. En voici quelques explications:

à part:	=	le personnage quitte l'action pour s'adresser aux spectateurs
bas:	=	parlant à voix basse
haut:	=	parlant à haute voix
riant:	=	en train de rire
ayant un peu rêvé:	=	étant resté quelques instants silencieux
X poursuit:	=	X continue (ou reprend) ses paroles
reprenant haleine:	=	recommençant à respirer (après avoir retenu son souffle)

s'en allant:	= quittant la scène
revenant:	= se détournant pour revenir sur la scène
tous étant rentrés:	= les autres personnages ayant quitté la scène

| *le nez dans son manteau*: | = en se cachant le visage |
| *X regarde si il/elle ne verra point Y*: | = X cherche Y (des yeux) |

Le vers alexandrin

Molière utilise le vers rimé alexandrin (ou *tétramètre*) à partir de *L'Étourdi* (1655, à Lyon). Dans la prosodie française, le vers alexandrin est un vers de *douze* syllabes. C'est le mètre usuel de la poésie et des œuvres dramatiques françaises dès le XVIe siècle.

On voit le vers alexandrin dès les premières chansons de geste françaises du XIIe siècle; en effet il tire son nom du *Roman d'Alexandre*. Au XVIe siècle le poète Pierre Ronsard, avec les autres membres du mouvement de la Pléiade, l'utilisait souvent.

Notez que la syllabe française commence en général par une consonne; deux consonnes successives sont divisées. Prononcez les vers suivants en comptant les syllabes:

    1   2   3 4 5   6   7   8   9 10 11 12
Mais / vous / êtes / du / monde, / et / dans / vo/tre / sa/gesse

    1   2 3   4 5 6 7   8   9   10 11 12
Vous / sa/vez / ex/cu/ser / le / feu / de / la / jeu/nesse. (v. 1444-1445)

Le *e final* (ou *e muet*) se prononce dans le vers alexandrin où il compte comme syllabe. Cependant il *n'est pas* compté devant une voyelle (*voir ci-dessus*: « mond¢ ») ni à la fin du vers (« sagess¢ », « jeuness¢ »). Tout en utilisant le vers classique de douze syllabes, la grande comédie réussit à maintenir un discours très naturel.

Les contraintes du vers alexandrin et la nécessité de fournir des rimes exigent parfois de légers changements de syntaxe. Par exemple:

> N'imiter pas **ces gens** un peu trop débonnaires
> **Qui** *tirent* vanité de ces sortes d'affaires,
> De leurs femmes toujours *vont citant* les galants,
> En *font* partout l'éloge, et *prônent* leurs talents (v. 1251-1255)

Pour bien comprendre, cherchez d'abord *le sujet* de la déclaration (ci-dessus, en caractères gras: « ces gens... qui »), ensuite *les compléments de verbe* (en italique: « tirent », « vont citant », « font », « prônent ») et, finalement, les autres éléments de la phrase (tels *les compléments d'objet*: « vanité », « les galants », « l'éloge », « leurs talents »).

L'orthographe des éditions contemporaines des pièces de Molière a été modernisée. Cependant, pour maintenir le débit oral de cette versification, l'auteur insiste parfois sur certaines syllabes et en laisse tomber d'autres. Donc, l'orthographe de certains mots se trouve parfois raccourcie. Par exemple:

De l'objet qu'on poursuit je suis **encor** nanti (v. 1206-1207)

Dans le vers ci-dessus, compter les trois syllabes d'« encore » aurait ajouté une treizième syllabe au vers. Nous verrons aussi le variant « connois » (= connais) qui doit rimer avec « quoi? » (v. 333-334).

Quelques usages du XVIIe siècle

Vocabulaire

Le vocabulaire français du XVIIe siècle est beaucoup plus restreint que celui d'aujourd'hui. Ainsi, certains mots comportent des significations multiples. Le verbe « prétendre », par exemple, veut dire:

> revendiquer (= demander, réclamer)
> vouloir
> se flatter (= être fier de)
> rechercher (= désirer, convoiter)
> courtiser (= en vue du mariage)
> se proposer de, compter (= avoir l'intention de)
> admettre que
> affirmer que

Quelle signification de « prétendre » trouvez-vous dans le passage suivant?

> Et quant au monsieur, là, **je prétends**, s'il vous plaît,
> Dût le mettre au tombeau le mal dont il vous berce,
> Qu'avec lui désormais vous rompiez tout commerce; (v. 630-632)

Le vouvoiement

Les personnages de *L'École des femmes* utilisent la forme polie (*vous*). Au XVIIe siècle le *tu* était jugé vulgaire et péjoratif, même en s'adressant aux proches. Il apparaît pourtant dans les scènes de comédie bouffonne: Alain et Georgette se tutoient en se bagarrant (Acte I, Sc. 2) et quand ils discutent de la jalousie (Acte II, Sc. 4). Arnolphe, suffoquant de rage, tutoie séparément ses deux domestiques (Acte II, Sc. 2).

La place des pronoms compléments d'objet

Dans les constructions verbales verbe + infinitif, la langue d'aujourd'hui exige que les pronoms compléments d'objet et les pronoms réfléchis précèdent l'infinitif auquel ils se rattachent par le sens.

> Voulez-vous **me** parler?
> Il ne voulait pas **lui en** donner.
> Nous aimerions **nous** amuser ce soir.

Chez Molière, cette règle n'était pas encore fixe. Les pronoms peuvent précéder d'autres éléments de la construction verbale. Notez la place des pronoms dans les vers suivants. Seul le pronom du premier vers (413) se trouve à la place attendue.

> Du chagrin qui me trouble ils iraient **l'**avertir,
> Et moi-même je veux **l'**aller faire sortir. (v. 413-414)

> Je suffoque, et voudrais **me** pouvoir mettre nu.(v. 394)
> Il peut tant qu'il voudra, **me** venir voir ici. (v. 534-535)

La négation

La langue du XVIIe siècle peut omettre un des deux éléments de la négation. Par exemple:

> Oh! oh! si brusquement! Quels chagrins sont les vôtres?
> **Serait-il point**, compère, à votre passion (v. 1221-1222)

> Que **ne vous êtes-vous**, comme lui, fait aimer? (v. 1535)

Les deux éléments de la négation entourent parfois l'infinitif. (À l'exception des infinitifs *avoir* et *être*, la langue courante mettrait les deux éléments devant l'infinitif: Il préfère **ne pas venir**.)

> Et m'appeler de l'autre est **ne m'obliger pas**. (v. 185-186)

> **N'imiter pas** ces gens un peu trop débonnaires (v. 1252)

L'imparfait du subjonctif

Les personnages de Molière se servent de l'*imparfait du subjonctif* et du *plus-que-parfait du subjonctif*, deux temps de verbe peu utilisés aujourd'hui. (De nos jours, on ne voit ces temps de verbe qu'à l'écrit, dans un texte au *passé simple*.)

> ... et je voudrais que cela se **pût** faire sans qu'il y [...] **eût** [de mal]
> (Lettre d'Agnès, Acte III, Sc. 4)

> Mais il me semble, Agnès, si ma mémoire est bonne,
> Que j'avais défendu que vous **vissiez** personne. (v. 479-480)

Aujourd'hui, si la proposition principale de la phrase est au passé de l'indicatif (passé composé ou imparfait) ou au conditionnel (présent ou passé), on utilise le *présent du subjonctif* à la place de l'imparfait du subjonctif, et le *passé du subjonctif* à la place du plus-que-parfait du subjonctif. Par exemple:

Langue moderne (proposition subordonnée au présent du subjonctif)

> Je *voulais* que tu fasses la cuisine.
> Je *voudrais* que tu fasses la cuisine.
> J'*aurais voulu* que tu fasses la cuisine.

Langue littéraire (proposition subordonnée à l'imparfait du subjonctif)

Je *voulais* que tu **fisses** la cuisine,
Je *voudrais* que tu **fisses** la cuisine.
J'*aurais voulu* que tu **fisses** la cuisine.

De nos jours, dans une phrase où l'action de la proposition subordonnée est *antérieure* à l'action de la proposition principale, la proposition subordonnée est au *passé du subjonctif* ou, dans le style écrit formel, au *plus-que-parfait du subjonctif.* Par exemple:

Langue moderne (proposition subordonnée au passé du subjonctif)

J'*étais* contente qu'elle ait réussi.
Je *serais* contente qu'elle ait réussi.
J'*aurais été* contente qu'elle ait réussi.

Langue littéraire (proposition subordonnée au plus-que-parfait du subjonctif)

J'*étais* contente qu'elle **eût réussi**.
Je *serais* contente qu'elle **eût réussi**.
J'*aurais été* contente qu'elle **eût réussi**.

Les formes de l'*imparfait du subjonctif* et du *plus-que-parfait du subjonctif* se reconnaissent facilement; elles ressemblent à celles du *passé simple* (*passé historique*). Remarquez le -**ss**- dans toutes les formes, à l'exception de celle de la troisième personne du singulier (il/elle/on). En voici plusieurs exemples. (Les conjugaisons des autres verbes irréguliers se trouveront dans un livre de grammaire ou dans un bon dictionnaire.)

Formes de l'imparfait du subjonctif

	parler	*finir*	*attendre*
que je (j')	parlasse	finisse	attendisse
que tu	parlasses	finisses	attendisses
qu'il/elle/on	parlât	finît	attendît
que nous	parlassions	finissions	attendissions
que vous	parlassiez	finissiez	attendissiez
qu'ils/elles	parlassent	finissent	attendissent

	avoir	*être*	*faire*
que je (j')	eusse	fusse	fisse
que tu	eusses	fusses	fisses
qu'il/elle/on	eût	fût	fît
que nous	eussions	fussions	fissions
que vous	eussiez	fussiez	fissiez
qu'ils/elles	eussent	fussent	fissent

Le plus-que-parfait du subjonctif

Le *plus-que-parfait du subjonctif* s'utilise quand l'action de la proposition subordonnée est antérieure à celle de la proposition principale. Il se compose de l'*imparfait du subjonctif* des verbes auxiliaires *avoir* ou *être*, suivi du participe passé du verbe. Il suit les mêmes règles orthographiques que les autres temps de verbe composés. Par exemple:

Pour arriver à l'heure, il aurait fallu que **vous fussiez partis** plus tôt.

Le plus-que-parfait du subjonctif est aussi employé comme deuxième forme du *conditionnel passé* dans certains contextes littéraires. Par exemple:

Nous **eussions été** heureux. = Nous aurions été heureux.

Et je serais heureux, si la Parque cruelle
M'**eût laissé** ramener cette épouse fidèle (v. 1656-1657)

Chronologie

1600	1625		1650	1675	1700

Histoire française et européenne

1608: Fondation de Québec.

1610–1643: Règne de Louis XIII.

1615+: Salon de la marquise de Rambouillet, foyer de Préciosité.

1618–1648: Guerre de Trente Ans.

1624–1642: Cardinal Richelieu au Conseil.

1627–1629: Fondation de la Compagnie du Saint-Sacrement, association secrète de dévots, vouée à la contre- Réforme et s'opposant au libertinage.

1628: Harvey, *On the Motion of the Heart and the Blood*.

1632: *La Leçon d'anatomie* de Rembrandt.

1635: La France entre dans la guerre de Trente Ans. Fondation de l'Académie Française.

1642: Début de la guerre civile anglaise. Mort de Richelieu.

1643: Ouverture des Petites Écoles de Port-Royal, foyer intellectuel basé sur le jansénisme. S'opposant aux jésuites, il s'inspirait des écrits de Saint Augustin.

1643–1661: Mort de Louis XIII. Régence d'Anne d'Autriche et gouvernement de Mazarin.

1644–1645: Torricelli (baromètre), Galilée (mécanique).

1648: Paix de Westphalie (fin de la guerre de Trente Ans).

1648–1652: Guerres de la Fronde en France. Récession démographique et économique.

1654: Sacre (Couronnement) de Louis XIV.

1656: *Las Meninas* de Velázquez.

1658: Mort de Cromwell.

1659: Paix des Pyrénées (met fin aux hostilités entre la France et l'Espagne; la France acquiert d'importants territoires).

1660: Louis XIV épouse Marie-Thérèse d'Autriche. *Les Lettres Provinciales* de Pascal condamnées au feu.

1661: Mort de Mazarin. Début du règne personnel de Louis XIV. Arrestation de Fouquet (financier sous la Régence d'Anne d'Autriche et de Mazarin).

1661+: Début de la construction du palais de Versailles.

1662–1683: Colbert ministre. Mlle de la Vallière favorite du Roi.

1664: Condamnation de Fouquet.

1665: Peste de Londres.

1666: Mort d'Anne d'Autriche (mère de Louis XIV).

1667: Conquête de la Flandre par la France. Mme de Montespan favorite.

1668: Traités d'Aix-la-Chapelle et de Saint-Germain (annexion de la Flandre).

1672–1680: Guerre de Hollande.

1673: Prise de Maëstricht (conquête de la Hollande).

1679: Dissolution de Port-Royal.

1685: Révocation de l'Édit de Nantes supprime les avantages accordés par Henri IV aux protestants).

1600	1625	1650	1675	1700

Littérature française

1628: Mort de Malherbe.

1637: *Le Cid* de Corneille. *Discours de la méthode* de Descartes.

1639: Naissance de Racine.

1640: *Horace, Cinna* de Corneille.

1643: *Polyeucte, Le Menteur* de Corneille.

1649: *Le Traité des passions de l'âme* de Descartes.

1650: Mort de Descartes.

1656–1657: *Les Lettres Provinciales* de Pascal.

1659: *Les Précieuses ridicules* de Molière. *Œdipe* de Corneille.

1662: Mort de Pascal. *L'École des femmes* de Molière.

1664–1665: *Le Tartuffe* de Molière. *Les Maximes* de La Rochefoucauld.

1666: *Le Misanthrope* de Molière.

1667: *Andromaque* de Racine.

1668: *Les Fables* de La Fontaine.

1669: *Britannicus* de Racine. Débuts de la correspondance de Mme de Sévigné avec Mme de Grignan (*Lettres à sa fille*), éditées 1725.

1670: Édition des *Pensées* de Pascal.

1673: *Le Malade imaginaire* de Molière. Mort de Molière.

1674: *L'Art poétique* de Boileau.

1677: *Phèdre* de Racine.

1678: *La Princesse de Clèves* de Mme de La Fayette.

1681: *Le Discours sur l'histoire universelle* de Bossuet.

1686: *La Pluralité des mondes* de Fontenelle.

1687: *Oraison funèbre sur le Prince de Condé* de Bossuet.

1688: *Les Caractères* de La Bruyère.

1689: *Esther* de Racine.

1697: *Le Dictionnaire* de Bayle. *Les Contes* de Perrault.

1699: Mort de Racine.

Autres littératures européennes

1601: *Hamlet* de Shakespeare.

1605, 1615: *Don Quijote* de Cervantes.

1606: *Volpone* de Jonson.

1611: Édition de la *King James Bible*.

1616: Mort de Shakespeare et de Cervantes.

1625: *Essays, or Counsels Civil and Moral* de Francis Bacon.

1633: *Songs and Sonnets* de Donne.

1636: *La Vida es sueño* de Calderón de la Barca.

1667: *Paradise Lost* de Milton.

1674: Mort de Milton.

1678–1684: *Pilgrim's Progress* de John Bunyan.

1687: *Principia Mathematica* de Newton.

1690: *An Essay Concerning Human Understanding* de Locke.

1600	1625	1650	1675	1700

Vie et œuvre de Molière

1622: Naissance de Jean-Baptiste Poquelin (futur Molière) à Paris (15 janvier).

1632–1639: Fait ses études au collège de Clermont (actuellement lycée Louis-le-Grand).

1642: Obtient ses licences en droit.

1643: Collabore à la fondation de l'Illustre-Théâtre avec Madeleine Béjart.

1644: Prend le pseudonyme de Molière.

1645: Faillite de l'Illustre-Théâtre. Bref emprisonnement pour dettes.

1646: Reprend place avec Madeleine Béjart dans une troupe protégée par le duc d'Épernon. Va en province.

1650: Prend la direction de la troupe, protégée désormais par le prince de Conti.

1655: Représentation à Lyon de *L'Étourdi*.

1658: Arrive à Paris avec sa troupe, qui devient la troupe de Monsieur (frère de Louis XIV) et occupe la salle du Petit-Bourbon.

1659: Représentation triomphale des *Précieuses ridicules*.

1660: *Sganarelle ou le Cocu imaginaire*.

1661: Passe au Palais-Royal. *Dom Garcie de Navarre*. *L'École des maris*. *Les Fâcheux*.

1662: Se marie avec Armande Béjart. *L'École des femmes*.

1663: Querelle de *L'École des femmes*. *La Critique de L'École des femmes*.

1664: *Le Mariage forcé*. Interdiction du premier *Tartuffe*.

1665: *Dom Juan*. *L'Amour médecin*.

1666: *Le Misanthrope*. *Le Médecin malgré lui*.

1667: *Mélicerte*. *La Pastorale comique*. *Le Sicilien*. Deuxième interdiction du *Tartuffe*.

1668: *Amphitryon*. *George Dandin*. *L'Avare*.

1669: Représentation du *Tartuffe*. *Monsieur de Pourceaugnac*.

1670: *Les Amants magnifiques*. *Le Bourgeois Gentilhomme*.

1671: *Psyché*. *Les Fourberies de Scapin*. *La Comtesse d'Escarbagnas*.

1672: *Les Femmes savantes*.

1673: *Le Malade imaginaire*. Mort de Molière (17 février).

ÉPÎTRE°

À MADAME[1]

MADAME,

Je suis le plus embarrassé° homme du monde, lorsqu'il me faut dédier un livre; et je me trouve si peu fait au° style d'épître dédicatoire, que je ne sais° par où sortir de celle-ci. Un autre auteur qui serait à ma place trouverait d'abord cent belles choses à dire à VOTRE ALTESSE ROYALE, sur le titre de L'ÉCOLE DES FEMMES, et l'offre° qu'il vous en ferait. Mais pour moi, MADAME, je vous avoue mon faible. Je ne sais point cet art de trouver des rapports entre des choses si peu proportionnées;[2] et, quelques belles lumières° que mes confrères les auteurs me donnent tous les jours sur de pareils sujets, je ne vois point ce que VOTRE ALTESSE ROYALE pourrait avoir à démêler avec° la comédie que je lui présente. On n'est pas en peine, sans doute, comment° il faut faire pour vous louer. La matière,° MADAME, ne saute que trop aux yeux; et, de quelque côté qu'on vous regarde, on rencontre gloire sur gloire, et qualités

Épître: lettre formelle, dédicace	**l'offre**: le cadeau
embarrassé: *ici*, indécis, perplexe	**lumières**: *ici*, idées, connaissances
je me trouve si peu fait au: je n'ai pas l'habitude du	**démêler avec**: *ici*, discuter de, débattre sur
ne sais: ne sais pas (Notez l'absence de *pas*.)	**comment**: de savoir comment
	La matière: *ici*, Votre essence

1 *Madame*. Nom attribué à la femme du frère du roi (le frère s'appelant *Monsieur*). Ici il s'agit d'Henriette d'Angleterre (1644-1670), la toute jeune femme de Philippe, duc d'Orléans, frère unique de Louis XIV. Henriette, qui protégeait les artistes et les écrivains, était à l'époque la femme la plus célèbre de la cour (en 1664, *Madame* sera la marraine de Louis, le nouveau-né de Molière et de sa femme, Armande Béjart.) À l'époque de *L'École des femmes*, *Monsieur* était le patron de la compagnie théâtrale de Molière, appelée la *Troupe de Monsieur*.

2 *rapports entre des choses si peu proportionnées*. C'est-à-dire que cette œuvre — une comédie — ne saurait pas être comparée au tempérament noble de Madame.

sur qualités. Vous en avez, MADAME, du côté du rang et de la naissance, qui vous font respecter de toute la terre. Vous en avez du côté des grâces, et de l'esprit et du corps, qui vous font admirer de toutes les personnes qui vous voient. Vous en avez du côté de l'âme,° qui, si l'on ose° parler ainsi, vous font aimer de tous ceux qui ont l'honneur d'approcher de vous: je veux dire cette douceur pleine de charmes, dont vous daignez tempérer la fierté° des grands titres que vous portez; cette bonté toute obligeante, cette affabilité généreuse, que vous faites paraître pour tout le monde. Et ce sont particulièrement ces dernières pour qui je suis, et dont je sens fort bien que je ne me pourrai taire° quelque jour. Mais encore une fois, MADAME, je ne sais point le biais° de faire entrer ici des vérités si éclatantes;° et ce sont choses, à mon avis, et d'une trop vaste étendue° et d'un mérite trop relevé° pour les vouloir renfermer dans une épître, et les mêler avec des bagatelles.° Tout bien considéré, MADAME, je ne vois rien à faire ici pour moi, que de vous dédier simplement ma comédie, et de vous assurer, avec tout le respect qu'il m'est possible, que je suis,

 de VOTRE ALTESSE ROYALE,

  MADAME,

  Le très-humble, très-obéissant et très-obligé serviteur,

  J.-B. MOLIÈRE.

âme: *ici*, esprit, ensemble des sentiments
ose: a le courage de
fierté: hauteur, orgueil
je ne me pourrai taire: je ne pourrai pas me taire (rester silencieux). (Notez le placement du pronom réfléchi [*me*].)
biais: moyen artificiel
éclatantes: frappantes
étendue: extension
relevé: noble, généreux
bagatelles: choses sans importance

PRÉFACE[3]

Bien des° gens ont frondé° d'abord cette comédie[4]; mais les rieurs° ont été pour elle, et tout le mal qu'on en a pu dire n'a pu faire qu'elle n'ait eu un succès dont je me contente.

Je sais qu'on attend de moi dans cette impression° quelque préface qui réponde aux censeurs° et rende raison de° mon ouvrage; et sans doute que je suis assez redevable à° toutes les personnes qui lui ont donné leur approbation, pour me croire obligé de défendre leur jugement contre celui des autres; mais il se trouve qu'une grande partie des choses que j'aurais à dire sur ce sujet est déjà dans une dissertation que j'ai faite en dialogue,[5] et dont je ne sais encore ce que je ferai. L'idée de ce dialogue, ou, si l'on veut, de cette petite comédie, me vint après les deux ou trois premières représentations de ma pièce. Je la dis, cette idée, dans une maison où je me trouvai un soir, et d'abord une

Bien des: Beaucoup de	**censeurs**: *ici*, critiques, juges
frondé: critiqué sévèrement	**rende raison de**: rende justice à
rieurs: ceux qui rient	**suis... redevable à**: ai une obligation
impression: édition imprimée, tirage	envers

---

3 *Préface*. Paragraphe qui précède la deuxième édition de *L'École des femmes* à la suite de plusieurs représentations au théâtre du Palais-Royal, la première ayant eu lieu le 26 décembre 1662.

4 *ont frondé d'abord cette comédie*. Le verbe fait référence au parti politique de la *Fronde*, qui en 1649 s'est révolté contre la reine-mère Anne d'Autriche et son conseiller le cardinal Mazarin, qui régnaient pendant la minorité de Louis XIV. La deuxième et dernière Fronde s'est terminée en 1653. *Fronder*: sens littéral, lancer avec une fronde, une arme formée d'une poche de cuir et d'un projectile, utilisée par David contre le géant Goliath.

5 *une dissertation que j'ai faite en dialogue*. La courte pièce en prose qu'écrit Molière en réponse à ses détracteurs est *La Critique de L'École des femmes*. Elle sera jouée en juin 1663, environ deux mois après la publication initiale de *L'École des femmes* (dont la première représentation avait eu lieu en décembre 1662).

personne de qualité,[6] dont l'esprit est assez connu dans le monde, et qui me fait l'honneur de m'aimer, trouva le projet assez à son gré,° non seulement pour me solliciter d'y mettre la main, mais encore pour l'y mettre lui-même; et je fus étonné que deux jours après il me montra toute l'affaire exécutée d'une manière, à la vérité, beaucoup plus galante° et plus spirituelle° que je ne puis faire, mais où je trouvai des choses trop avantageuses pour moi; et j'eus peur que, si je produisais cet ouvrage sur notre théâtre, on ne m'accusât d'abord d'avoir mendié les louanges° qu'on m'y donnait. Cependant cela m'empêcha, par quelque considération, d'achever ce que j'avais commencé. Mais tant de gens me pressent tous les jours de le faire, que je ne sais ce qui en sera; et cette incertitude est cause que je ne mets point dans cette préface[7] ce qu'on verra dans la *Critique,* en cas que je me résolve à la faire paraître. S'il faut que cela soit, je le dis encore, ce sera seulement pour venger le public du chagrin délicat° de certaines gens; car, pour moi, je m'en tiens assez vengé par la réussite de ma comédie; et je souhaite que toutes celles que je pourrai faire soient traitées par eux comme celle-ci, pourvu que le reste suive de même.

à son gré: selon son goût
galante: *ici*, élégante, fine
spirituelle: *ici*, amusante, vive
mendié les louanges: sollicité les

flatteries
chagrin délicat: mauvaise humeur
(des personnes difficiles à satisfaire)

---

6   *une personne de qualité.* Il s'agit ici de l'ami de Molière, l'abbé du Buisson, qui a fourni une première version dialoguée d'une réplique aux « censeurs » de *L'École des femmes.*

7   *dans cette préface.* C'est-à-dire, dans la préface que vous lisez.

L'École des femmes

Comédie

LES PERSONNAGES

ARNOLPHE[8]	autrement M. de la Souche.
AGNÈS[9]	jeune fille innocente élevée par Arnolphe.
HORACE[10]	amant d'Agnès.
ALAIN	paysan,° valet d'Arnolphe.
GEORGETTE	paysanne,° servante d'Arnolphe.
CHRYSALDE	ami d'Arnolphe.
ENRIQUE	beau-frère de Chrysalde.
ORONTE	père d'Horace, et grand ami d'Arnolphe.
Le NOTAIRE.	

La scène est dans une place de ville.

---

paysan (paysanne): homme, femme
   de la campagne

---

8 *Arnolphe.* Le nom d'Arnolphe dérive de « Saint Ernoul le seigneur des cous (= cocus) », donc le saint patron des maris trompés, qu'évoque Jean de Meun dans le célèbre poème médiéval, *Le Roman de la Rose* (c1277). De Meun y consacre cinq chapitres au sujet du mari jaloux, que reflètera, quatre cent ans plus tard, l'obsession d'Arnolphe. Molière lui-même a créé le rôle d'Arnolphe sur la scène.

9 *Agnès.* Nom (voir: *agneau* et aussi *sainte Agnès* — martyrisée à 13 ans en l'an 303) qui connote la pureté, la candeur, la franchise et la douceur. Le rôle a été tenu par Mlle de Brie pendant plus de 30 ans; il est dit qu'elle le jouait encore à l'âge de 65 ans.

10 *Horace.* Nom traditionnel (Horatio) du jeune amoureux dans la *commedia dell'arte*, un style ancien italien, mimique et improvisé, mais aussi contemporain de Molière, qu'il connaissait très bien, ayant joué à côté des troupes italiennes en tournée en province, à Lyon et, à partir de 1658, au théâtre du Petit Bourbon à Paris.

27

ACTE PREMIER

Scène Première

Chrysalde, Arnolphe

Chrysalde

    Vous venez, dites-vous, pour lui donner la main?°

Arnolphe

    Oui, je veux terminer la chose dans° demain.

Chrysalde

    Nous sommes ici seuls; et l'on peut, ce me semble,
    Sans craindre d'être ouïs,° y discourir° ensemble:
    Voulez-vous qu'en ami je vous ouvre mon cœur?   5
    Votre dessein pour vous me fait trembler de peur;
    Et de quelque façon que vous tourniez l'affaire,
    Prendre femme est à vous un coup bien téméraire.°

Arnolphe

    Il est vrai, notre ami.° Peut-être que chez vous
    Vous trouvez des sujets de craindre pour chez nous;°   10
    Et votre front,° je crois, veut que du mariage
    Les cornes° soient partout l'infaillible apanage.°

Chrysalde

    Ce sont coups du hasard,° dont on n'est point garant,°
    Et bien sot,° ce me semble, est le soin° qu'on en prend.
    Mais quand je crains pour vous, c'est cette raillerie°   15
    Dont cent pauvres maris ont souffert la furie;
    Car enfin vous savez qu'il n'est grands ni petits

---

lui donner la main: l'épouser
dans: *ici*, dès
ouïs: entendus
discourir: discuter
téméraire: imprudent, hardi
notre ami... chez nous: *ici*, mon
  ami... chez moi
front: partie du visage entre les
  sourcils et les cheveux
cornes: organes pointus poussant sur

la tête (mouton, chèvre)
apanage: ce qui est propre à une
  personne, lot
coups du hasard: effets de la chance,
  de la fortune
n'est point garant: ne peut pas
  répondre
sot (sotte): stupide, ignorant
soin: *ici*, attention, sollicitude
raillerie: moquerie

Que de votre critique on ait vus garantis;°
Que vos plus grands plaisirs sont, partout où vous êtes,
De faire cent éclats° des intrigues secrètes…   20

ARNOLPHE

Fort bien: est-il au monde une autre ville aussi
Où l'on ait des maris si patients qu'ici?
Est-ce qu'on n'en voit pas, de toutes les espèces,
Qui sont accommodés° chez eux de toutes pièces?°
L'un amasse du bien,° dont sa femme fait part°   25
À ceux qui prennent soin de le faire cornard;°
L'autre un peu plus heureux, mais non pas moins infâme,°
Voit faire tous les jours des présents à sa femme,
Et d'aucun soin jaloux n'a l'esprit combattu,
Parce qu'elle lui dit que c'est pour sa vertu.°   30
L'un fait beaucoup de bruit qui ne lui sert de guère;°
L'autre, en toute douceur, laisse aller les affaires,
Et voyant arriver chez lui le damoiseau,°
Prend fort honnêtement° ses gants et son manteau.
L'une de son galant,° en adroite femelle,   35
Fait fausse confidence° à son époux fidèle,
Qui dort en sûreté sur un pareil appas,°
Et le plaint, ce galant, des soins° qu'il ne perd pas;
L'autre, pour se purger de sa magnificence,°
Dit qu'elle gagne au jeu° l'argent qu'elle dépense;   40
Et le mari benêt,° sans songer° à quel jeu,
Sur les gains qu'elle fait rend des grâces à° Dieu.
Enfin, ce sont partout des sujets de satire;

garantis: protégés	**damoiseau**: jeune amant, galant
éclats: *ici*, scandales	**honnêtement**: *ici*, innocemment
accommodés: (ironique) maltraités	**galant**: amoureux
de toutes pièces: entièrement	**fait fausse confidence**: commet un
du bien: de l'argent, des richesses	mensonge, ment
fait part: donne, partage	**appas**: charme, attrait
cornard: celui qui porte les cornes	**soins**: *ici*, attentions de la femme
(métaphoriques) du mari trompé	**sa magnificence**: ses richesses
(*voir* v. 12)	**au jeu**: aux cartes, aux jeux du hasard
infâme: déshonoré	**benêt**: simple, sot
vertu: fidélité	**songer**: penser, imaginer
de guère: guère, à peine	**rend des grâces à**: remercie

Et, comme spectateur, ne puis-je pas en rire?
Puis-je pas° de nos sots…

CHRYSALDE

                           Oui; mais qui rit d'autrui   45
Doit craindre qu'en revanche° on rie aussi de lui.
J'entends parler le monde; et des gens se délassent°
À venir débiter° les choses qui se passent;
Mais quoi que l'on divulgue aux endroits où je suis,
Jamais on ne m'a vu triompher° de ces bruits.   50
J'y suis assez modeste; et bien qu'aux occurrences°
Je puisse condamner certaines tolérances,
Que mon dessein ne soit de souffrir nullement
Ce que quelques maris souffrent paisiblement,
Pourtant je n'ai jamais affecté de° le dire;   55
Car enfin il faut craindre un revers° de satire,
Et l'on ne doit jamais jurer,° sur de tels cas
De ce qu'on pourra faire, ou bien ne faire pas.
Ainsi, quand à mon front, par un sort qui tout mène,
Il serait arrivé quelque disgrâce humaine,   60
Après mon procédé,° je suis presque certain
Qu'on se contentera de s'en rire sous main;°
Et peut-être qu'encor° j'aurai cet avantage,
Que quelques bonnes gens diront que c'est dommage,
Mais de vous, cher compère,° il en est autrement: 65
Je vous le dis encor, vous risquez diablement.°
Comme sur les maris accusés de souffrance
De tout temps votre langue a daubé d'importance,°
Qu'on vous a vu contre eux un diable déchaîné,°
Vous devez marcher droit pour n'être point berné;°   70

Puis-je pas: Ne puis-je pas (Notez l'absence de *ne*.)
en revanche: en retour
se délassent: s'amusent, se détendent
débiter: raconter
triompher: *ici*, me réjouir
aux occurrences: dans certains cas
affecté de: cherché à
revers: *ici*, retour, revanche
jurer: promettre avec solennité

procédé: comportement, conduite
sous main: en secret
encor: encore (Notez l'absence de l'*e* final, pour la syllabation.)
compère: collègue, camarade
diablement: excessivement
a daubé d'importance: s'est beaucoup moquée
déchaîné: furieux, excité
berné: trompé, ridiculisé

Et s'il faut que sur vous on ait la moindre prise,°
Gare° qu'aux carrefours on ne vous tympanise,°
Et...

ARNOLPHE

Mon Dieu, notre ami, ne vous tourmentez point:
Bien huppé° qui° pourra m'attraper sur ce point.
Je sais les tours rusés° et les subtiles trames°   75
Dont, pour nous en planter,° savent user les femmes,
Et comme on est dupé par leurs dextérités.
Contre cet accident j'ai pris mes sûretés;°
Et celle que j'épouse a toute l'innocence
Qui peut sauver mon front de maligne influence.   80

CHRYSALDE

Et que prétendez-vous° qu'une sotte, en un mot...

ARNOLPHE

Épouser une sotte est pour n'être point sot.
Je crois, en bon chrétien, votre moitié° fort sage;°
Mais une femme habile° est un mauvais présage;°
Et je sais ce qu'il coûte à de certaines gens   85
Pour avoir pris les leurs avec trop de talents.
Moi, j'irais me charger d'une spirituelle°
Qui ne parlerait rien que cercle et que ruelle,[11]

que sur vous on ait la moindre prise: qu'on vous tienne	**mes sûretés**: (métaphorique) un contrat d'assurance
Gare: Faites attention	**que prétendez-vous**: comment voulez-vous
tympanise: ridiculise	
Bien huppé: De très haut rang	**votre moitié**: votre femme
qui: *ici*, celui qui	**sage**: *ici*, modeste, vertueuse
tours rusés: stratagèmes malicieux	**habile**: intelligente
trames: intrigues	**présage**: signe
pour nous en planter: pour nous poser des cornes	**une spirituelle**: une intellectuelle

11 *Qui ne parlerait rien que cercle et que ruelle.* Ici, Arnolphe commence à fulminer contre une de ses bêtes noires: la *Préciosité* et les *Précieuses* (*voir* note 23). Il évoque les réunions mondaines et littéraires (*cercles* ou *salons*) où se rassemblaient les intellectuelles et les intellectuels de l'époque. *Ruelle*: Petite rue, ici, l'espace entre le lit et le mur où les dames de haut rang recevaient leurs visites. On y disposait des chaises et des tabourets.)

Qui de prose et de vers ferait de doux écrits,
Et que visiteraient marquis et beaux esprits,°   90
Tandis que,° sous le nom du mari de Madame,
Je serais comme un saint que pas un ne réclame?°
Non, non, je ne veux point d'un esprit qui soit haut;
Et femme qui compose° en sait plus qu'il ne faut.
Je prétends que la mienne, en clartés° peu sublime,   95
Même ne sache pas ce que c'est qu'une rime;
Et s'il faut qu'avec elle on joue au corbillon[12]
Et qu'on vienne à lui dire à son tour: « Qu'y met-on? »
Je veux qu'elle réponde: « Une tarte à la crème »;
En un mot qu'elle soit d'une ignorance extrême;   100
Et c'est assez pour elle, à vous en bien parler,
De savoir prier Dieu, m'aimer, coudre° et filer.°

CHRYSALDE

Une femme stupide est donc votre marotte?°

ARNOLPHE

Tant, que j'aimerais mieux une laide° bien sotte
Qu'une femme fort belle avec beaucoup d'esprit.   105

CHRYSALDE

L'esprit et la beauté…

---

beaux esprits: hommes cultivés et affectés
Tandis que: Pendant que
que pas un ne réclame: dont personne n'a besoin
compose: écrit
clartés: lumières, intelligence

coudre: fabriquer des vêtements; faire de la broderie
filer: transformer une matière textile en fil
marotte: idée fixe, manie; tête de femme en bois
laide: contraire de *belle*

---

12 *on joue au corbillon*. Un *corbillon* est un panier à biscuits. Arnolphe parle ici d'un jeu de mots enfantin: on prononce « Corbillon, qu'y met-on? » Celui qui répond est obligé de donner un nom (substantif) en *-on* (raison, ballon, jupon…). Arnolphe est certain qu'Agnès y répondrait littéralement, et donnerait un nom de pâtisserie.

ARNOLPHE

L'honnêteté[13] suffit.

CHRYSALDE

Mais comment voulez-vous, après tout, qu'une bête°
Puisse jamais savoir ce que c'est qu'être honnête?
Outre qu°'il est assez ennuyeux, que je crois,
D'avoir toute sa vie une bête avec soi,   110
Pensez-vous le bien prendre,° et que sur votre idée
La sûreté d'un front puisse être bien fondée?°
Une femme d'esprit peut trahir son devoir;
Mais il faut pour le moins qu'elle ose le vouloir;
Et la stupide au sien° peut manquer d'ordinaire   115
Sans en avoir l'envie et sans penser le faire.

ARNOLPHE

À ce bel argument, à ce discours profond,
Ce que Pantagruel à Panurge répond:[14]
Pressez-moi de me joindre à femme autre que sotte,
Prêchez, patrocinez° jusqu'à la Pentecôte;[15]   120
Vous serez ébahi,° quand vous serez au bout,
Que vous ne m'aurez rien persuadé du tout.

---

une bête: une sotte	**au sien**: *c'est-à-dire*, à son devoir
Outre qu(e): Sans compter qu(e)	**patrocinez**: plaidez (devant un
Pensez-vous le bien prendre:	tribunal)
Pensez-vous avoir raison	**ébahi**: étonné
fondée: assurée, établie	

---

13 *L'honnêteté*. Le concept d'*honnêteté* au XVIIe siècle relève de l'idéal de *l'honnête homme* ou de *l'honnête femme*: une personne cultivée qui joint la noblesse des sentiments à celle de la naissance, et qui est de société agréable par son intégrité, sa discrétion et son goût — description qui rend complètement logique la question que pose Chrysalde à Arnolphe aux vers suivants (v. 107-108).

14 *Ce que Pantagruel à Panurge répond*. Fait référence à l'obstination entêtée qui repousse toute raison, incarnée par Panurge, qui demande conseil à Pantagruel. Panurge ne sait pas s'il doit se marier ou pas, de peur de se trouver cocu (François Rabelais, *Le Tiers Livre* [1552], Chapitre IX, « Comment Panurge se conseille à Pantagruel pour sçavoir s'il se doibt marier »).

15 *Pentecôte*. Fête chrétienne célébrée le septième dimanche après Pâques et qui commémore la descente du Saint-Esprit. Les vers 120-123 sont adaptés du chapitre V du *Tiers Livre* de Rabelais (« Mais preschez et patrocinez d'icy à la Pentecoste, en fin vous serez esbahy comment rien ne me aurez persuadé... »)

CHRYSALDE

> Je ne vous dis plus mot.°

ARNOLPHE

> Chacun a sa méthode.
> En femme, comme en tout, je veux suivre ma mode.
> Je me vois riche assez pour pouvoir, que je crois,   125
> Choisir une moitié qui tienne tout de moi,
> Et de qui la soumise° et pleine dépendance
> N'ait à me reprocher aucun bien ni naissance.
> Un air doux et posé,° parmi d'autres enfants,
> M'inspira de l'amour pour elle dès quatre ans;   130
> Sa mère se trouvant de pauvreté pressée,
> De la lui demander il me vint la pensée;
> Et la bonne paysanne, apprenant mon désir,
> À s'ôter° cette charge eut beaucoup de plaisir.
> Dans un petit couvent, loin de toute pratique,°   135
> Je la fis élever selon ma politique,°
> C'est-à-dire ordonnant quels soins on emploirait°
> Pour la rendre idiote autant qu'il se pourrait.
> Dieu merci, le succès a suivi mon attente:
> Et grande, je l'ai vue à tel point innocente,   140
> Que j'ai béni le Ciel° d'avoir trouvé mon fait,°
> Pour me faire une femme au gré de mon souhait.°
> Je l'ai donc retirée; et comme ma demeure°
> À cent sortes de monde° est ouverte à toute heure,
> Je l'ai mise à l'écart,° comme il faut tout prévoir,   145
> Dans cette autre maison où nul° ne me vient voir;
> Et, pour ne point gâter° sa bonté naturelle,
> Je n'y tiens que des gens tout aussi simples qu'elle,

---

mot: *ici*, rien	**trouvé mon fait**: compris ma façon
soumise: docile, obéissante	**souhait**: désir
posé: calme	**demeure**: maison, domicile
s'ôter: se débarrasser de, enlever	**monde**: *ici*, personnes
pratique: *ici*, fréquentation, société	**mise à l'écart**: éloignée, mise à
politique: *ici*, manière, tactique	distance
emploirait: *aujourd'hui*, emploierait	**nul**: personne
le Ciel: Dieu	**gâter**: ruiner

Vous me direz: Pourquoi cette narration?
C'est pour vous rendre instruit° de ma précaution.   150
Le résultat de tout est qu'en ami fidèle
Ce soir je vous invite à souper avec elle;
Je veux que vous puissiez un peu l'examiner,
Et voir si de mon choix on me doit condamner.

CHRYSALDE

J'y consens.

ARNOLPHE

                 Vous pourrez, dans cette conférence,   155
Juger de sa personne et de son innocence.

CHRYSALDE

Pour cet article-là, ce que vous m'avez dit
Ne peut…

ARNOLPHE

            La vérité passe encor mon récit.
Dans ses simplicités à tous coups° je l'admire,
Et parfois elle en dit dont je pâme° de rire.   160
L'autre jour (pourrait-on se le persuader?),
Elle était fort en peine, et me vint demander,
Avec une innocence à nulle autre pareille,
Si les enfants qu'on fait se faisaient par l'oreille.

CHRYSALDE

Je me réjouis fort, Seigneur Arnolphe…

ARNOLPHE

                            Bon!   165
Me voulez-vous toujours appeler de ce nom?

CHRYSALDE

Ah! malgré que j'en aie,° il me vient à la bouche,

---

vous rendre instruit: vous informer, vous faire part
à tous coups: toujours, à chaque fois

pâme: (métaphorique) perds connaissance
malgré que j'en aie: en dépit de tous mes efforts

Et jamais je ne songe à Monsieur de la Souche.[16]
Qui diable vous a fait aussi vous aviser,°
À quarante et deux ans, de vous débaptiser,°   170
Et d'un vieux tronc pourri° de votre métairie°
Vous faire dans le monde un nom de seigneurie?°

ARNOLPHE

Outre que la maison[17] par ce nom se connaît,
La Souche plus qu'Arnolphe à mes oreilles plaît.

CHRYSALDE

Quel abus° de quitter le vrai nom de ses pères,   175
Pour en vouloir prendre un bâti sur des chimères!°
De la plupart des gens c'est la démangeaison;°
Et, sans vous embrasser dans la comparaison,
Je sais° un paysan qu'on appelait Gros-Pierre,
Qui, n'ayant pour tout bien qu'un seul quartier° de terre,   180
Y fit tout à l'entour faire un fossé bourbeux,°
Et de Monsieur de l'Isle[18] en prit le nom pompeux.

---

vous aviser (**de**): avoir l'idée de
vous débaptiser: vous changer le
  nom
tronc pourri: tronc d'arbre
  décomposé
métairie: petite ferme, domaine rural
seigneurie: territoire soumis au
  noble (le seigneur)

abus: *ici*, erreur
chimères: fantaisies, idées fausses
démangeaison: désir ardent
Je sais: *aujourd'hui*, Je connais
quartier: *ici*, morceau, portion
fossé bourbeux: dépression
  (circulaire) pleine de boue

---

16 *Monsieur de la Souche.* Saint Arnolphe, auquel ce personnage veut à tout prix bannir l'allusion, est le patron traditionnel des cocus. Le nouveau nom, avec sa particule noble (*de*), désigne ce qui reste après avoir coupé un arbre, et ainsi la personne à l'origine d'une lignée de descendants. Le changement de patronyme d'Arnolphe se révélera d'ailleurs à la base de l'intrigue comique de la pièce.

17 *la maison.* Le terme décrit les ambitions d'Arnolphe qui tient à fonder une *maison* de race noble, non pas une simple *famille*.

18 *Monsieur de l'Isle.* En creusant un fossé autour de sa petite terre, le paysan se fabrique une « île » dont il adopte le nom. Thomas Corneille (1625-1709), dramaturge et frère cadet du célèbre Pierre Corneille (1606-1684), se faisait appeler *Corneille de l'Isle*. Entre Molière et Thomas Corneille il y a eu par moments une hostilité compétitive. Le nom *Gros-Pierre* visait sans doute le frère aîné, dont Molière lui-même a joué les tragédies les plus célèbres (*Le Cid, Horace, Cinna*, etc.).

ARNOLPHE

    Vous pourriez vous passer d'°exemples de la sorte.
    Mais enfin de la Souche est le nom que je porte:
    J'y vois de la raison, j'y trouve des appas,   185
    Et m'appeler de l'autre est ne m'obliger pas.°

CHRYSALDE

    Cependant la plupart ont peine à s'y soumettre
    Et je vois même encor des adresses de lettre…

ARNOLPHE

    Je le souffre aisément de qui n'est pas instruit;
    Mais vous…

CHRYSALDE

           Soit: là-dessus nous n'aurons point de bruit,   190
    Et je prendrai le soin d'accoutumer ma bouche
    À ne plus vous nommer que Monsieur de la Souche.

ARNOLPHE

    Adieu. Je frappe ici[19] pour donner le bonjour,
    Et dire seulement que je suis de retour.

CHRYSALDE, *s'en allant.*

    Ma foi, je le tiens fou de toutes les manières.   195

ARNOLPHE

    Il est un peu blessé° sur certaines matières.
    Chose étrange de voir comme avec passion
    Un chacun est chaussé de° son opinion!
    Holà!…

---

vous passer d(e): vivre ou continuer sans
ne m'obliger pas: ne pas me rendre service

blessé: *ici*, fou, extravagant
Un chacun est chaussé de: *aujourd'hui*, Chacun porte

---

19 *Je frappe ici.* Arnolphe frappe à la porte de sa propre maison.

Scène II

ALAIN, GEORGETTE, ARNOLPHE

ALAIN

Qui heurte?°

ARNOLPHE

Ouvrez. On aura, que je pense,
Grande joie à me voir après dix jours d'absence.   200

ALAIN

Qui va là?

ARNOLPHE

Moi.

ALAIN

Georgette!

GEORGETTE

Hé bien?

ALAIN

Ouvre là-bas.

GEORGETTE

Vas-y, toi.

ALAIN

Vas-y, toi.

GEORGETTE

Ma foi, je n'irai pas.

ALAIN

Je n'irai pas aussi.[20]

---

heurte: frappe

---

20 *Je n'irai pas aussi.* « Je n'irai pas non plus. » Le langage d'Alain et de Georgette veut
refléter le langage paysan, inculte, un vernaculaire que le « peuple » est supposé
parler. *Voir* aussi (v. 211), le mot d'Alain, *strodagème* (au lieu de *stratagème*), au
moment où Alain et Georgette se battent entre eux pour ouvrir la porte à leur
maître.

ARNOLPHE

Belle cérémonie°
Pour me laisser dehors! Holà ho, je vous prie.

GEORGETTE

Qui frappe?

ARNOLPHE

Votre maître.

GEORGETTE

Alain!

ALAIN

Quoi?

GEORGETTE

C'est Monsieur.   205
Ouvre vite.

ALAIN

Ouvre, toi.

GEORGETTE

Je souffle notre feu.°

ALAIN

J'empêche, peur du chat, que mon moineau° ne sorte.

ARNOLPHE

Quiconque° de vous deux n'ouvrira pas la porte
N'aura point à manger de plus de quatre jours.
Ha!

GEORGETTE

Par quelle raison y venir quand j'y cours?   210

ALAIN

Pourquoi plutôt que moi? le plaisant° strodagème!

GEORGETTE

Ôte-toi donc de là.

---

cérémonie: (ironique) échange de politesses
souffle notre feu: ranime la flamme du foyer

moineau: petit oiseau gris-brun
Quiconque: N'importe qui
plaisant: amusant

ALAIN

                Non, ôte-toi toi-même.

GEORGETTE

    Je veux ouvrir la porte.

ALAIN

                    Et je veux l'ouvrir, moi.

GEORGETTE

    Tu ne l'ouvriras pas.

ALAIN

                Ni toi non plus.

GEORGETTE

                          Ni toi.

ARNOLPHE

    Il faut que j'aie ici l'âme bien patiente!   215

ALAIN

    Au moins, c'est moi, Monsieur.

GEORGETTE

                      Je suis votre servante,

    C'est moi.

ALAIN

            Sans le respect de Monsieur que voilà,

    Je te…

ARNOLPHE, *recevant un coup d'Alain.*[21]

        Peste!°

ALAIN

           Pardon.

ARNOLPHE

                Voyez ce lourdaud°-là!

Peste!: (juron) personne (ou chose)   **lourdaud:** personne lente ou
   pernicieuse   maladroite

---

21 *recevant un coup d'Alain.* Alain, ayant visé Georgette, finit par frapper
accidentellement son maître.

ALAIN

> C'est elle aussi, Monsieur…

ARNOLPHE

> > > > Que tous deux on se taise,°
> Songez à me répondre et laissons la fadaise.°   220
> Hé bien, Alain, comment se porte-t-on ici?

ALAIN

> Monsieur, nous nous… Monsieur, nous nous por… Dieu merci!
> Nous nous…

> > > *ARNOLPHE ôte par trois fois le chapeau de dessus la tête*
> > > > > > *d'ALAIN.*

ARNOLPHE

> > > Qui vous apprend, impertinente bête,
> À parler devant moi le chapeau sur la tête?

ALAIN

> Vous faites bien, j'ai tort.

ARNOLPHE, *à Alain*

> > > > Faites descendre Agnès.   225
> *À Georgette.*
> Lorsque je m'en allai, fut-elle triste après?

GEORGETTE

> Triste? Non.

ARNOLPHE

> > Non?

GEORGETTE

> > > Si fait.°

ARNOLPHE

> > > Pourquoi donc… ?

GEORGETTE

> > > > Oui, je meure,°

Que… on se taise: Qu'on ferme la bouche **fadaise**: sottise, stupidité	**Si fait**: (populaire) Oui, En effet **je meure**: (elliptique) que je meure si je ne dis pas la vérité

Elle vous croyait voir de retour à toute heure;°
Et nous n'oyions° jamais passer devant chez nous
Cheval, âne° ou mulet,° qu'elle ne prît pour vous.   230

Scène III

Agnès, Alain, Georgette, Arnolphe

ARNOLPHE

La besogne° à la main! C'est un bon témoignage.°
Hé bien! Agnès, je suis de retour du voyage:
En êtes-vous bien aise?°

AGNÈS

                                    Oui, Monsieur, Dieu merci.

ARNOLPHE

Et moi, de vous revoir je suis bien aise aussi.
Vous vous êtes toujours, comme on voit, bien portée?   235

AGNÈS

Hors les° puces,° qui m'ont la nuit inquiétée.

ARNOLPHE

Ah! vous aurez dans peu quelqu'un pour les chasser.

AGNÈS

Vous me ferez plaisir.

ARNOLPHE

                                    Je le puis bien penser.
Que faites-vous donc là?

AGNÈS

                                    Je me fais des cornettes.[22]

à toute heure: incessamment	**besogne**: travail féminin, ouvrage
oyions: entendions	**témoignage**: signe, marque
âne: animal à longues oreilles, voisin du cheval	**aise**: *ici*, contente, heureuse
mulet: animal hybride (produit d'un âne et d'un cheval)	**Hors les**: À l'exception des
	puces: insectes parasites qui sautent

---

22 *Je me fais des cornettes.* Des bonnets de nuit féminins. Le terme rappelle les *cornes* dont Arnolphe a la phobie.

Vos chemises de nuit et vos coiffes° sont faites.   240

ARNOLPHE

Ha! voilà qui va bien. Allez, montez là-haut:
Ne vous ennuyez point, je reviendrai tantôt,
Et je vous parlerai d'affaires importantes.

Tous étant rentrés.

Héroïnes du temps, Mesdames les savantes,°
Pousseuses de tendresse[23] et de beaux sentiments,   245
Je défie° à la fois tous vos vers, vos romans,
Vos lettres, billets doux,° toute votre science,°
De valoir cette honnête et pudique° ignorance.

SCÈNE IV

HORACE, ARNOLPHE

ARNOLPHE

Ce n'est point par le bien qu'il faut être ébloui;°
Et, pourvu que l'honneur soit… Que vois-je? Est-ce… Oui.   250
Je me trompe. Nenni.° Si fait. Non, c'est lui-même.
Hor…

HORACE

Seigneur Ar…

ARNOLPHE

Horace!

coiffes: intérieurs des bonnets de nuit masculins	**billets doux**: lettres d'amour
savantes: femmes (*ici*, excessivement) érudites	**science**: *ici*, connaissances, savoir
Je défie: J'affronte, Je ne suis pas menacé par	**pudique**: modeste, innocente
	ébloui: frappé d'admiration, impressionné
	Nenni: (familier) Non

23 *Pousseuses de tendresse.* Expression du langage précieux qui décrit ceux qui pratiquent la *préciosité* et qui savent ainsi « débiter les beaux sentiments, pousser le doux, le tendre et le passionné » (Molière, *Les Précieuses ridicules*, sc. IV). La célèbre *Carte de Tendre*, imaginée par la romancière Madeleine de Scudéry (1607-1701), auteur de *Clélie* et d'*Artamène*, traçait cette vision raffinée de l'amour et de son langage ainsi que les jeux de mots et de gestes qui les traduisaient. Voir aussi les allusions que fait Arnolphe aux *savantes* (v. 244) et aux *billets doux* (v. 247), ainsi qu'aux *belles assemblées* (v. 785).

HORACE

Arnolphe.

ARNOLPHE

Ah! joie extrême!

Et depuis quand ici?

HORACE

Depuis neuf jours.

ARNOLPHE

Vraiment?

HORACE

Je fus d'abord chez vous, mais inutilement.°

ARNOLPHE

J'étais à la campagne.

HORACE

Oui, depuis deux journées.   255

ARNOLPHE

Oh! comme les enfants croissent° en peu d'années!
J'admire de le voir au point où le voilà,
Après que je l'ai vu pas plus grand que cela.

HORACE

Vous voyez.

ARNOLPHE

Mais, de grâce,° Oronte votre père,
Mon bon et cher ami, que j'estime et révère,   260
Que fait-il? que dit-il? est-il toujours gaillard?°
À tout ce qui le touche il sait que je prends part:
Nous ne nous sommes vus depuis quatre ans ensemble.

HORACE

Ni, qui plus est, écrit l'un à l'autre, me semble.
Il est, seigneur Arnolphe, encor plus gai que nous, 265
Et j'avais de sa part une lettre pour vous;
Mais depuis, par une autre,° il m'apprend sa venue.°

---

inutilement: en vain   **gaillard:** vigoureux, vif
croissent: grandissent (verbe *croître*)   **une autre:** une autre lettre
de grâce: s'il vous plaît, je vous en prie   **sa venue:** son arrivée

Et la raison encor ne m'en est pas connue.
Savez-vous qui peut être un de vos citoyens
Qui retourne en ces lieux avec beaucoup de biens 270
Qu'il s'est en quatorze ans acquis dans l'Amérique?

ARNOLPHE

Non. Vous a-t-on point dit comme on le nomme?

HORACE

Enrique.

ARNOLPHE

Non.

HORACE

Mon père m'en parle, et qu'il est revenu
Comme s'il devait[24] m'être entièrement connu,
Et m'écrit qu'en chemin ensemble ils se vont mettre 275
Pour un fait important que ne dit point sa lettre.

ARNOLPHE

J'aurai certainement grande joie à le voir,
Et pour le régaler° je ferai mon pouvoir.

Après avoir lu la lettre.

Il faut pour des amis des lettres moins civiles,
Et tous ces compliments sont choses inutiles. 280
Sans qu'il prît le souci° de m'en écrire rien,
Vous pouvez librement disposer de mon bien.

HORACE

Je suis homme à saisir les gens par leurs paroles,°
Et j'ai présentement besoin de cent pistoles.[25]

---

le régaler: le fêter, lui offrir un bon
repas
Sans qu'il prît le souci: Sans qu'il se

préoccupât
saisir les gens par leurs paroles:
croire ce que disent les gens

---

24 *il est revenu... s'il devait.* (v. 273-274) Ici, Horace fait référence à Enrique, l'ami
de son père..

25 *cent pistoles.* Monnaie d'or espagnole utilisée en France à une époque où la
monnaie française continuait à perdre de sa valeur. Une pistole valant dix livres
françaises, c'est une somme importante que demande Horace à Arnolphe —
l'équivalent de plusieurs milliers d'euros ou de dollars aujourd'hui.

ARNOLPHE

Ma foi, c'est m'obliger que d'en user ainsi,   285
Et je me réjouis de les avoir ici.
Gardez aussi la bourse.

HORACE

Il faut…

ARNOLPHE

Laissons ce style.[26]
Hé bien! comment encor trouvez-vous cette ville?

HORACE

Nombreuse en citoyens, superbe en bâtiments;
Et j'en crois merveilleux les divertissements.   290

ARNOLPHE

Chacun a ses plaisirs, qu'il se fait à sa guise;°
Mais, pour ceux que du nom de galants on baptise,
Ils ont en ce pays de quoi se contenter,
Car les femmes y sont faites à coqueter:°
On trouve d'humeur douce et la brune et la blonde,   295
Et les maris aussi les plus bénins° du monde;
C'est un plaisir de prince; et des tours que je vois
Je me donne souvent la comédie à moi.
Peut-être en avez-vous déjà féru° quelqu'une.°
Vous est-il point° encore arrivé de fortune?°   300
Les gens faits comme vous font plus que les écus,°
Et vous êtes de taille° à faire des cocus.°

à sa guise: à sa manière
coqueter: flirter, plaire
bénins: indulgents, doux
féru: frappé d'amour
quelqu'une: *aujourd'hui*, quelqu'un
Vous est-il point: Ne vous est-il
  point (Ici, notez l'absence de *Ne*.)

fortune: aventure amoureuse
écus: ancienne monnaie d'or
  française
taille: *ici*, apparence
cocus: maris trompés

---

26 *Il faut… Laissons ce style*. Horace fait le geste d'offrir un billet de reconnaissance
    (un reçu) à Arnolphe, qui, à son tour, le refuse. Arnolphe est un bourgeois riche
    et, au fond, très généreux envers ses amis. Il faut noter l'altération de son humeur
    dès qu'il se voit menacé.

HORACE

> À ne vous rien cacher° de la vérité pure,
> J'ai d'amour en ces lieux eu certaine aventure,
> Et l'amitié m'oblige à vous en faire part.°   305

ARNOLPHE

> Bon! voici de nouveau quelque conte gaillard;
> Et ce sera de quoi mettre sur mes tablettes.°

HORACE

> Mais, de grâce, qu'au moins ces choses soient secrètes.

ARNOLPHE

> Oh!

HORACE

> Vous n'ignorez pas qu'en ces occasions
> Un secret éventé° rompt nos prétentions.°   310
> Je vous avouerai donc avec pleine franchise°
> Qu'ici d'une beauté mon âme s'est éprise.°
> Mes petits soins d'abord ont eu tant de succès,
> Que je me suis chez elle ouvert un doux accès;
> Et sans trop me vanter ni lui faire une injure,°   315
> Mes affaires y sont en fort bonne posture.°

ARNOLPHE, *riant.*

> Et c'est?

HORACE, *lui montrant le logis d'Agnès.*

> Un jeune objet qui loge en ce logis
> Dont vous voyez d'ici que les murs sont rougis;°
> Simple, à la vérité, par l'erreur sans seconde°
> D'un homme qui la cache au commerce° du monde,   320

---

cacher: dissimuler
faire part: *ici*, informer
mettre sur mes tablettes: en prendre bonne note (tablette[s]: journal intime)
éventé: *ici*, exposé, découvert
prétentions: *ici*, espoirs, ambitions
franchise: *ici*, sincérité

s'est éprise: est tombée amoureuse
injure: insulte
posture: situation
les murs sont rougis: en briques rouges, ou couverts de feuilles rougissantes
sans seconde: inégalable, sans pareil
commerce: *ici*, fréquentation

Mais, qui, dans l'ignorance où l'on veut l'asservir,°
Fait briller des attraits capables de ravir;°
Un air tout engageant, je ne sais quoi de tendre,
Dont il n'est point de cœur qui se puisse défendre.
Mais peut-être il n'est pas que vous n'ayez bien vu   325
Ce jeune astre° d'amour de tant d'attraits pourvu:°
C'est Agnès qu'on l'appelle.

ARNOLPHE, *à part.*

                                          Ah! je crève!°

HORACE

                                          Pour l'homme,
C'est je crois, de la Zousse, ou Source,[27] qu'on le nomme:
Je ne me suis pas fort arrêté sur le nom;
Riche, à ce qu'on m'a dit, mais des plus sensés, non;°   330
Et l'on m'en a parlé comme d'un ridicule.
Le connaissez-vous point?

ARNOLPHE, *à part.*

                                          La fâcheuse° pilule![28]

HORACE

Eh! vous ne dites mot?

ARNOLPHE

                                          Eh oui, je le connois.°

HORACE

C'est un fou, n'est-ce pas?

ARNOLPHE

                                          Eh…

asservir: réduire à l'esclavage	**des plus sensés, non**: pas parmi les
ravir: *ici*, enchanter	plus raisonnables
astre: corps céleste, étoile	**fâcheux (fâcheuse)**: désagréable,
pourvu: fourni, riche	regrettable
je crève: (exclamation) je meurs	**connois**: *aujourd'hui*, connais

---

27 *de la Zousse, ou Source.* Horace a entendu prononcer le nom du patron d'Agnès, mais il ne l'a pas compris. Il ne connaît Arnolphe que de son nom d'origine, et donc ne l'associe pas avec « Monsieur de la Zousse ».

28 *La fâcheuse pilule!* Arnolphe, écrasé par cette nouvelle, s'imagine en train d'avaler un médicament désagréable.

HORACE

                    Qu'en dites-vous? quoi?
Eh? c'est-à-dire oui? Jaloux à faire rire?   335
Sot? je vois qu'il en est ce que° l'on m'a pu dire.
Enfin l'aimable Agnès a su m'assujettir;°
C'est un joli bijou, pour ne vous point mentir,
Et ce serait péché qu'une beauté si rare
Fût laissée au pouvoir de cet homme bizarre.   340
Pour moi, tous mes efforts, tous mes vœux les plus doux
Vont à m'en rendre maître en dépit du jaloux;
Et l'argent que de vous j'emprunte avec franchise
N'est que pour mettre à bout° cette juste entreprise.
Vous savez mieux que moi, quels que soient nos efforts,   345
Que l'argent est la clef de tous les grands ressorts,°
Et que ce doux métal qui frappe tant de têtes,
En amour, comme en guerre, avance les conquêtes.
Vous me semblez chagrin: serait-ce qu'en effet
Vous désapprouveriez le dessein que j'ai fait?   350

ARNOLPHE

Non, c'est que je songeais…

HORACE

                  Cet entretien vous lasse.°
Adieu. J'irai chez vous tantôt vous rendre grâce.

ARNOLPHE

Ah! faut-il… !

HORACE, *revenant.*

           Derechef,° veuillez être discret,
Et n'allez pas, de grâce, éventer mon secret.

ARNOLPHE

Que je sens dans mon âme… !

HORACE, *revenant.*

                 Et surtout à mon père,   355
Qui s'en ferait peut-être un sujet de colère.

ce que: *ici*, selon ce que	**ressorts:** *ici*, activités
m'assujettir: me subjuguer	**vous lasse:** vous fatigue
mettre à bout: *ici*, accomplir, réussir	**Derechef:** Encore une fois

ARNOLPHE, *croyant qu'il revient encore.*
> Oh!… Oh! que j'ai souffert durant cet entretien!
> Jamais trouble d'esprit ne fut égal au mien.
> Avec quelle imprudence et quelle hâte extrême
> Il m'est venu conter cette affaire à moi-même!   360
> Bien que mon autre nom le tienne dans l'erreur,
> Étourdi° montra-t-il jamais tant de fureur?
> Mais, ayant tant souffert, je devais me contraindre
> Jusques à m'éclaircir de° ce que je dois craindre,
> À pousser jusqu'au bout son caquet° indiscret,   365
> Et savoir pleinement leur commerce secret.
> Tâchons à° le rejoindre: il n'est pas loin, je pense;
> Tirons-en de ce fait l'entière confidence.
> Je tremble du malheur qui m'en peut arriver,
> Et l'on cherche souvent plus qu'on ne veut trouver.   370

ACTE II

SCÈNE PREMIÈRE

ARNOLPHE
> Il m'est, lorsque j'y pense, avantageux, sans doute
> D'avoir perdu mes pas° et pu manquer sa route;
> Car enfin de mon cœur le trouble impérieux
> N'eût pu° se renfermer tout entier à ses yeux:
> Il eût fait éclater l'ennui° qui me dévore,   375
> Et je ne voudrais pas qu'il sût ce qu'il ignore.
> Mais je ne suis pas homme à gober le morceau,°
> Et laisser un champ libre aux vœux du damoiseau:
> J'en veux rompre le cours° et, sans tarder, apprendre

Étourdi: Impulsif
m'éclaircir de: trouver la vérité sur
caquet: bavardage, bruit des poules
Tâchons à: Essayons de
avoir perdu mes pas: avoir couru
   (après Horace) pour rien

N'eût pu: N'aurait pu
l'ennui: *ici*, le chagrin
gober le morceau: avaler quelque
   chose tout cru (sans le faire cuire)
rompre le cours: interrompre le
   progrès

Jusqu'où l'intelligence° entre eux a pu s'étendre.°   380
J'y prends pour mon honneur un notable intérêt:
Je la regarde en femme,° aux termes° qu'elle en est;
Elle n'a pu faillir° sans me couvrir de honte,
Et tout ce qu'elle a fait enfin est sur mon compte.°
Éloignement° fatal! Voyage malheureux!   385

Frappant à la porte.

Scène II

ALAIN, GEORGETTE, ARNOLPHE

ALAIN

Ah! Monsieur, cette fois…

ARNOLPHE

Paix! Venez çà° tous deux:
Passez là, passez là. Venez là, venez, dis-je.

GEORGETTE

Ah! vous me faites peur, et tout mon sang se fige.°

ARNOLPHE

C'est donc ainsi qu'absent vous m'avez obéi,
Et tous deux de concert° vous m'avez donc trahi?   390

GEORGETTE

Eh! ne me mangez pas, Monsieur, je vous conjure.°

ALAIN, *à part.*

Quelque chien enragé° l'a mordu,° je m'assure.

ARNOLPHE

Ouf! Je ne puis parler, tant je suis prévenu:°

---

l'intelligence: *ici*, l'entente, la relation
s'étendre: se développer
en femme: comme si elle était ma femme
aux termes: au point
faillir: faire une faute
sur mon compte: ma responsabilité
Éloignement: *ici*, Absence
çà: ici
se fige: congèle
de concert: en accord
conjure: prie
enragé: qui a la rage (maladie transmise des animaux à l'homme)
mordu: attaqué avec les dents
prévenu: *ici*, préoccupé, irrité

Je suffoque, et voudrais me pouvoir mettre nu.[29]
Vous avez donc souffert, ô canaille maudite,°   395
Qu'un homme soit venu?... Tu veux prendre la fuite?°
Il faut que sur-le-champ°... Si tu bouges...! Je veux
Que vous me disiez... Euh! Oui, je veux que tous deux...
Quiconque remûra,° par la mort!° je l'assomme.°
Comme° est-ce que chez moi s'est introduit cet homme?   400
Eh! parlez, dépêchez, vite, promptement, tôt,
Sans rêver. Veut-on dire?

ALAIN et GEORGETTE

                              Ah! Ah!

GEORGETTE

                                        Le cœur me faut.°

ALAIN

Je meurs.

ARNOLPHE

                    Je suis en eau:° prenons un peu d'haleine;
Il faut que je m'évente° et que je me promène.
Aurais-je deviné,° quand je l'ai vu petit   405
Qu'il croîtrait pour cela? Ciel! que mon cœur pâtit!°
Je pense qu'il vaut mieux que de sa propre bouche
Je tire avec douceur l'affaire qui me touche.
Tâchons de modérer notre ressentiment.°
Patience, mon cœur, doucement, doucement.   410
Levez-vous, et rentrant, faites qu'Agnès descende.
Arrêtez. Sa surprise en deviendrait moins grande:

---

canaille maudite: (juron) sacrée malhonnête
prendre la fuite: t'échapper
sur-le-champ: immédiatement
remûra: remuera (bougera)
par la mort!: (juron) mon Dieu! parbleu!
assomme: tue (avec un objet lourd)
Comme: *ici*, Comment

Le cœur me faut: Le cœur me manque, Je m'évanouis (verbe *faillir*)
en eau: trempé de sueur
m'évente: *ici*, me rafraîchisse (en agitant l'air)
deviné: prédit, jugé
pâtit: souffre
notre ressentiment: ma colère

---

29 *Je... voudrais me pouvoir mettre nu.* Expression relevant du comique populaire. Le tourment d'Arnolphe le réchauffe; ses vêtements sont devenus encombrants.

Du chagrin qui me trouble ils iraient l'avertir,°
Et moi-même je veux l'aller faire sortir.
Que l'on m'attende ici.

SCÈNE III

> *ALAIN, GEORGETTE*

GEORGETTE

                         Mon Dieu, qu'il est terrible!   415
Ses regards m'ont fait peur, mais une peur horrible!
Et jamais je ne vis un plus hideux chrétien.°

ALAIN

Ce monsieur l'a fâché: je te le disais bien.

GEORGETTE

Mais que diantre° est-ce là, qu'avec tant de rudesse
Il nous fait au logis garder notre maîtresse?   420
D'où vient qu'à tout le monde il veut tant la cacher,
Et qu'il ne saurait voir personne en approcher?

ALAIN

C'est que cette action le met en jalousie.

GEORGETTE

Mais d'où vient qu'il est pris de cette fantaisie?°

ALAIN

Cela vient… cela vient de ce qu'il est jaloux.   425

GEORGETTE

Oui; mais pourquoi l'est-il? et pourquoi ce courroux?°

ALAIN

C'est que la jalousie… entends-tu bien, Georgette,
Est une chose… là… qui fait qu'on s'inquiète…
Et qui chasse les gens d'autour d'une maison.
Je m'en vais te bailler° une comparaison,   430
Afin de concevoir la chose davantage.

---

l'avertir: l'informer	**fantaisie**: caprice, idée libre
chrétien: *ici*, homme	**courroux**: colère
que diantre: (juron) que diable!	**bailler**: (vieilli) donner

Dis-moi, n'est-il pas vrai, quand tu tiens ton potage,°
Que si quelque affamé° venait pour en manger,
Tu serais en colère, et voudrais le charger?°

GEORGETTE

Oui, je comprends cela.

ALAIN

C'est justement tout comme: 435
La femme est en effet le potage de l'homme;
Et quand un homme voit d'autres hommes parfois
Qui veulent dans sa soupe aller tremper° leurs doigts,
Il en montre aussitôt une colère extrême.

GEORGETTE

Oui; mais pourquoi chacun n'en fait-il pas de même,   440
Et que nous en voyons qui paraissent joyeux
Lorsque leurs femmes sont avec les biaux monsieux?°

ALAIN

C'est que chacun n'a pas cette amitié goulue°
Qui n'en veut que pour soi.

GEORGETTE

Si je n'ai la berlue,°
Je le vois qui revient.

ALAIN

Tes yeux sont bons, c'est lui.   445

GEORGETTE

Vois comme il est chagrin.

ALAIN

C'est qu'il a de l'ennui.

---

potage: soupe (*donc*, repas)	**les biaux monsieux**: (populaire) les
affamé: qui a très faim	beaux messieurs, les galants
charger: attaquer	**goulue**: avide, gloutonne
tremper: mettre, mouiller	**la berlue**: des visions

Scène IV

ARNOLPHE, AGNÈS, ALAIN, GEORGETTE

ARNOLPHE

Un certain Grec disait à l'empereur Auguste,[30]
Comme une instruction utile autant que juste,
Que lorsqu'une aventure en colère nous met,
Nous devons, avant tout, dire notre alphabet,   450
Afin que dans ce temps la bile se tempère,[31]
Et qu'on ne fasse rien que l'on ne doive faire.
J'ai suivi sa leçon sur le sujet d'Agnès,
Et je la fais venir en ce lieu tout exprès,
Sous prétexte d'y faire un tour de promenade,   455
Afin que les soupçons° de mon esprit malade
Puissent sur le discours la mettre adroitement,
Et lui sondant° le cœur s'éclaircir doucement.
Venez, Agnès. Rentrez.

Scène V

ARNOLPHE, AGNÈS

ARNOLPHE

                  La promenade est belle.

AGNÈS

Fort belle.

ARNOLPHE

         Le beau jour!

---

soupçons: conjectures blâmables   **sondant**: examinant avec soin

---

30 *Un certain Grec disait à l'empereur Auguste.* D'après Plutarque (dans une traduction française des *Œuvres morales*) c'est le philosophe grec stoïque Athenodorus, précepteur du jeune Auguste, qui lui donnait ce conseil.

31 *la bile se tempère.* La *bile* jaune ou noire, sécrétée par le foie, était l'humeur corporelle associée avec la colère, l'inquiétude et la mélancolie. Ici, en récitant l'alphabet, Arnolphe s'efforce de tranquilliser la bile soulevée par sa jalousie extrême.

AGNÈS

Fort beau!

ARNOLPHE

Quelle nouvelle?   460

AGNÈS

Le petit chat est mort.

ARNOLPHE

C'est dommage; mais quoi?
Nous sommes tous mortels, et chacun est pour soi.
Lorsque j'étais aux champs,° n'a-t-il point fait de pluie?°

AGNÈS

Non.

ARNOLPHE

Vous ennuyait-il?°

AGNÈS

Jamais je ne m'ennuie.

ARNOLPHE

Qu'avez-vous fait encor ces neuf ou dix jours-ci?   465

AGNÈS

Six chemises, je pense, et six coiffes aussi.

ARNOLPHE, *ayant un peu rêvé.*

Le monde, chère Agnès, est une étrange chose.
Voyez la médisance,° et comme chacun cause:°
Quelques voisins m'ont dit qu'un jeune homme inconnu
Était en mon absence à la maison venu,   470
Que vous aviez souffert sa vue° et ses harangues;°
Mais je n'ai point pris foi sur ces méchantes langues,
Et j'ai voulu gager° que c'était faussement…

AGNÈS

Mon Dieu, ne gagez pas: vous perdriez vraiment.

---

aux champs: à la campagne
n'a-t-il point fait de pluie: a-t-il plu
Vous ennuyait-il?: *ici,* Vous êtes-
    vous ennuyée?
médisance: diffamation, bavardage

cause: parle, bavarde
souffert sa vue: supporté, entretenu
    sa présence
harangues: discours (ennuyeux)
gager: garantir, parier

ARNOLPHE

>   Quoi! c'est la vérité qu'un homme…?

AGNÈS

>   Chose sûre.   475
>   Il n'a presque bougé de chez nous, je vous jure.

ARNOLPHE, *à part.*

>   Cet aveu° qu'elle fait avec sincérité
>   Me marque pour le moins son ingénuité.°
>   Mais il me semble, Agnès, si ma mémoire est bonne,
>   Que j'avais défendu° que vous vissiez personne.   480

AGNÈS

>   Oui; mais quand je l'ai vu, vous ignorez pourquoi;
>   Et vous en auriez fait, sans doute, autant que moi.

ARNOLPHE

>   Peut-être. Mais enfin contez-moi cette histoire.

AGNÈS

>   Elle est fort étonnante, et difficile à croire.
>   J'étais sur le balcon à travailler au frais,°   485
>   Lorsque je vis passer sous les arbres d'auprès°
>   Un jeune homme bien fait,° qui, rencontrant ma vue,
>   D'une humble révérence° aussitôt me salue:
>   Moi, pour ne point manquer à la civilité,
>   Je fis la révérence aussi de mon côté.   490
>   Soudain, il me refait une autre révérence:
>   Moi, j'en refais de même une autre en diligence;°
>   Et lui d'une troisième aussitôt repartant,°
>   D'une troisième aussi j'y repars à l'instant.
>   Il passe, vient, repasse, et toujours de plus belle° 495
>   Me fait à chaque fois révérence nouvelle;
>   Et moi, qui tous ces tours fixement regardais,

---

aveu: confession
ingénuité: simplicité
défendu: interdit, prohibé
au frais: dehors, en prenant l'air
d'auprès: qui sont près, proches
bien fait: *ici*, beau (*voir aussi* « mal
  fait », v. 550)

révérence: salut cérémonieux, en
  pliant le corps
en diligence: tout de suite
repartant: recommençant
de plus belle: de nouveau et encore
  plus fort

Nouvelle révérence aussi je lui rendais:
Tant que, si sur ce point la nuit ne fût venue,
Toujours comme cela je me serais tenue,   500
Ne voulant point céder,° et recevoir l'ennui
Qu'il me pût estimer moins civile que lui.

ARNOLPHE

Fort bien.

AGNÈS

          Le lendemain, étant sur notre porte,
Une vieille m'aborde° en parlant de la sorte:°
« Mon enfant, le bon Dieu puisse-t-il vous bénir,   505
Et dans tous vos attraits longtemps vous maintenir!
Il ne vous a pas faite une belle personne
Afin de mal user des choses qu'il vous donne;
Et vous devez savoir que vous avez blessé°
Un cœur qui de s'en plaindre est aujourd'hui forcé. »   510

ARNOLPHE, *à part.*

Ah! suppôt de Satan!° exécrable damnée!

AGNÈS

« Moi, j'ai blessé quelqu'un? fis-je toute étonnée.
— Oui, dit-elle, blessé, mais blessé tout de bon;
Et c'est l'homme qu'hier vous vîtes du balcon.
— Hélas! qui pourrait, dis-je, en avoir été cause?   515
Sur lui, sans y penser, fis-je choir° quelque chose?
— Non, dit-elle, vos yeux ont fait ce coup fatal,
Et c'est de leurs regards qu'est venu tout son mal.
— Hé! mon Dieu! ma surprise est, fis-je, sans seconde:
Mes yeux ont-ils du mal, pour en donner au monde?   520
— Oui, fit-elle, vos yeux, pour causer le trépas,°
Ma fille, ont un venin° que vous ne savez pas.
En un mot, il languit,° le pauvre misérable;

---

céder: capituler, faiblir | du diable!
m'aborde: s'approche de moi | **choir**: tomber
de la sorte: de cette manière | **le trépas**: la mort
blessé: *ici*, fait mal à | **venin**: poison
suppôt de Satan!: (juron) serviteur | **languit**: souffre, décline

Et s'il faut, poursuivit la vieille charitable,
Que votre cruauté lui refuse un secours, 525
C'est un homme à porter en terre° dans deux jours.
— Mon Dieu! j'en aurais, dis-je, une douleur bien grande.
Mais pour le secourir, qu'est-ce qu'il me demande?
— Mon enfant, me dit-elle, il ne veut obtenir
Que le bien de vous voir et vous entretenir:° 530
Vos yeux peuvent eux seuls empêcher sa ruine,
Et du mal qu'ils ont fait être la médecine.
— Hélas! volontiers,° dis-je, et, puisqu'il est ainsi,
Il peut tant qu'il voudra, me venir voir ici. »

ARNOLPHE, *à part.*

Ah! sorcière° maudite, empoisonneuse d'âmes, 535
Puisse l'enfer° payer tes charitables trames!

AGNÈS

Voilà comme il me vit, et reçut guérison.°
Vous-même, à votre avis, n'ai-je pas eu raison?
Et pouvais-je, après tout, avoir la conscience
De le laisser mourir faute d'°une assistance, 540
Moi qui compatis° tant aux gens qu'on fait souffrir,
Et ne puis, sans pleurer, voir un poulet mourir?

ARNOLPHE, *bas.*

Tout cela n'est parti que d'une âme innocente;
Et j'en dois accuser mon absence imprudente,
Qui sans guide a laissé cette bonté de mœurs° 545
Exposée aux aguets° des rusés séducteurs.
Je crains que le pendard,° dans ses vœux téméraires,
Un peu plus fort que jeu° n'ait poussé les affaires.

---

porter en terre: enterrer, *i.e.*, mourir
vous entretenir: parler avec vous
volontiers: je veux bien
sorcière: femme en société avec le diable
enfer: lieu du diable
guérison: rétablissement (d'une maladie)

faute d(e): en l'absence (de)
compatis (à): ai de la compassion (pour)
mœurs: habitudes, conduite
Exposée aux aguets: Sous la surveillance
pendard: (vieilli) pervers, fripon
jeu: *ici*, plaisanterie

AGNÈS

> Qu'avez-vous? Vous grondez,° ce me semble, un petit?
> Est-ce que c'est mal fait° ce que je vous ai dit?   550

ARNOLPHE

> Non. Mais de cette vue° apprenez-moi les suites,°
> Et comme le jeune homme a passé ses visites.

AGNÈS

> Hélas! si vous saviez comme il était ravi,
> Comme il perdit son mal sitôt que je le vis,
> Le présent qu'il m'a fait d'une belle cassette,°   555
> Et l'argent qu'en ont eu notre Alain et Georgette,
> Vous l'aimeriez sans doute, et diriez comme nous…

ARNOLPHE

> Oui, mais que faisait-il étant seul avec vous?

AGNÈS

> Il jurait qu'il m'aimait d'une amour sans seconde,
> Et me disait des mots les plus gentils du monde,   560
> Des choses que jamais rien ne peut égaler,
> Et dont, toutes les fois que je l'entends parler,
> La douceur me chatouille° et là-dedans remue
> Certain je ne sais quoi dont je suis toute émue.°

ARNOLPHE, *à part.*

> Ô fâcheux examen d'un mystère fatal,   565
> Où l'examinateur souffre seul tout le mal!

À Agnès.

> Outre tous ces discours, toutes ces gentillesses,
> Ne vous faisait-il point aussi quelques caresses?

AGNÈS

> Oh tant! Il me prenait et les mains et les bras,
> Et de me les baiser° il n'était jamais las.°   570

---

grondez: murmurez, grognez	**chatouille**: excite
mal fait: inacceptable (*voir aussi* « bien fait », v. 487)	**émue**: touchée, affectée
vue: *ici*, rencontre	**baiser**: poser la bouche en signe de tendresse
les suites: ce qui s'est ensuivi	**las**: fatigué
cassette: boîte ou coffret à bijoux	

ARNOLPHE

Ne vous a-t-il point pris, Agnès, quelque autre chose?

La voyant interdite.°

Ouf!

AGNÈS

Hé! il m'a…

ARNOLPHE

Quoi?

AGNÈS

Pris…

ARNOLPHE

Euh!

AGNÈS

Le…

ARNOLPHE

Plaît-il?°

AGNÈS

Je n'ose,
Et vous vous fâcherez peut-être contre moi.

ARNOLPHE

Non.

AGNÈS

Si fait.

ARNOLPHE

Mon Dieu, non!

AGNÈS

Jurez donc votre foi.°

ARNOLPHE

Ma foi, soit.

AGNÈS

Il m'a pris… Vous serez en colère.   575

---

interdite: gênée, incapable de parler
Plaît-il?: Comment?

Jurez donc votre foi: Promettez-le-moi

ARNOLPHE
> Non.

AGNÈS
> > Si.

ARNOLPHE
> > > Non, non, non, non. Diantre, que de mystère!
> > Qu'est-ce qu'il vous a pris?

AGNÈS
> > > > Il…

ARNOLPHE, *à part.*
> > > > > Je souffre en damné.

AGNÈS
> > Il m'a pris le ruban° que vous m'aviez donné.
> > À vous dire le vrai, je n'ai pu m'en défendre.°

ARNOLPHE, *reprenant haleine.*
> > Passe pour le ruban. Mais je voulais apprendre   580
> > S'il ne vous a rien fait que vous baiser les bras.

AGNÈS
> > Comment! est-ce qu'on fait d'autres choses?

ARNOLPHE
> > > > > > Non pas.
> > Mais, pour guérir° du mal qu'il dit qui le possède,
> > N'a-t-il point exigé° de vous d'autre remède?

AGNÈS
> > Non. Vous pouvez juger, s'il en eût demandé,   585
> > Que pour le secourir j'aurais tout accordé.°

ARNOLPHE
> > Grâce aux bontés du Ciel, j'en suis quitte° à bon compte.°

---

ruban: long tissu étroit, qui sert d'ornement	**accordé**: donné, cédé
m'en défendre: m'en empêcher	**j'en suis quitte**: je suis libéré (d'une obligation)
guérir: se remettre (d'une maladie)	**à bon compte**: à bon prix, sans beaucoup dépenser
exigé: demandé avec urgence	

Si j'y retombe plus,° je veux bien qu'on m'affronte.°
Chut. De votre innocence, Agnès, c'est un effet.
Je ne vous en dis mot: ce qui s'est fait est fait. 590
Je sais qu'en vous flattant le galant ne désire
Que de vous abuser,° et puis après s'en rire.

AGNÈS

Oh! point: il me l'a dit plus de vingt fois à moi.

ARNOLPHE

Ah! vous ne savez pas ce que c'est que sa foi.
Mais enfin apprenez qu'accepter des cassettes, 595
Et de ces beaux blondins° écouter les sornettes,°
Que se laisser par eux, à force de langueur,°
Baiser ainsi les mains et chatouiller le cœur,
Est un péché mortel° des plus gros qu'il se fasse.

AGNÈS

Un péché, dites-vous? Et la raison, de grâce? 600

ARNOLPHE

La raison? La raison est l'arrêt° prononcé
Que par ces actions le Ciel est courroucé.°

AGNÈS

Courroucé? Mais pourquoi faut-il qu'il s'en courrouce?
C'est une chose, hélas! si plaisante et si douce!
J'admire quelle joie on goûte° à tout cela, 605
Et je ne savais point encor ces choses-là.

ARNOLPHE

Oui; c'est un grand plaisir que toutes ces tendresses,
Ces propos° si gentils et ces douces caresses;
Mais il faut le goûter en toute honnêteté,
Et qu'en se mariant le crime en soit ôté. 610

---

plus: à l'avenir
qu'on m'affronte: (vieilli) qu'on me trompe ouvertement
abuser: *ici*, tromper
blondins: (vieilli) jeunes galants
sornettes: discours frivoles
langueur: indolence, paresse

péché mortel: transgression (de la loi divine)
arrêt: jugement, décision
courroucé: très fâché, en colère
goûte: savoure
propos: mots, discours

AGNÈS

> N'est-ce plus un péché lorsque l'on se marie?

ARNOLPHE

> Non.

AGNÈS

> Mariez-moi[32] donc promptement, je vous prie.

ARNOLPHE

> Si vous le souhaitez, je le souhaite aussi,
> Et pour vous marier on me revoit ici.

AGNÈS

> Est-il possible?

ARNOLPHE

> Oui.

AGNÈS

> Que vous me ferez aise!°   615

ARNOLPHE

> Oui, je ne doute point que l'hymen° ne vous plaise.

AGNÈS

> Vous nous voulez, nous deux…

ARNOLPHE

> Rien de plus assuré.

AGNÈS

> Que, si cela se fait, je vous caresserai!

ARNOLPHE

> Hé! la chose sera de ma part réciproque.

AGNÈS

> Je ne reconnais point, pour moi, quand on se moque.   620
> Parlez-vous tout de bon?°

---

aise: *ici*, plaisir	**tout de bon**: avec sincérité
l'hymen: le mariage	

---

32 *Mariez-moi.* Notez l'ambiguïté de cette réplique qui pourrait signifier: « Épousez-moi » ou bien, au contraire, « Faites que je me marie avec l'autre » (c'est-à-dire, Horace).

ARNOLPHE
                              Oui, vous le pourrez voir.

AGNÈS
            Nous serons mariés?

ARNOLPHE
                        Oui.

AGNÈS
                              Mais quand?

ARNOLPHE
                                    Dès ce soir.

AGNÈS, *riant*
            Dès ce soir?

ARNOLPHE
                  Dès ce soir. Cela vous fait donc rire?

AGNÈS
            Oui.

ARNOLPHE
            Vous voir bien contente est ce que je désire.

AGNÈS
            Hélas! que je vous ai grande obligation!°   625
            Et qu'avec lui j'aurai de satisfaction!

ARNOLPHE
            Avec qui?

AGNÈS
                  Avec…, là.³³

ARNOLPHE
                        Là… : là n'est pas mon compte.°
            À choisir un mari vous êtes un peu prompte.
            C'est un autre, en un mot, que je vous tiens tout prêt,

---

obligation: reconnaissance   **compte:** affaire

---

33 *Avec… , là.* Agnès fait un geste qui indique « l'autre », celui qui n'est pas présent
    et à qui elle a déjà donné son cœur.

Et quant au monsieur, là,[34] je prétends,° s'il vous plaît,   630
Dût le mettre au tombeau le mal° dont il vous berce,°
Qu'avec lui désormais vous rompiez tout commerce;
Que, venant au logis,° pour votre compliment
Vous lui fermiez au nez la porte honnêtement,
Et lui jetant, s'il heurte, un grès° par la fenêtre,   635
L'obligiez tout de bon à ne plus y paraître.
M'entendez-vous, Agnès? Moi, caché dans un coin,°
De votre procédé je serai le témoin.

AGNÈS

Las!° il est si bien fait! C'est…

ARNOLPHE

                                    Ah! que de langage![35]

AGNÈS

Je n'aurai pas le cœur…

ARNOLPHE

                                Point de bruit davantage.   640
Montez là-haut.

AGNÈS

                        Mais quoi! voulez-vous…

ARNOLPHE

                                                    C'est assez.
Je suis maître, je parle: allez, obéissez.[36]

---

je prétends: *ici*, j'exige	**grès**: pierre, caillou
Dût le mettre au tombeau le mal:	**coin**: angle formé par deux murs qui
Même s'il meurt de cette maladie	se coupent
berce: *ici*, charme, enchante	**Las!**: Hélas!
venant au logis: s'il vient chez vous	

---

34 *Et quant au monsieur, là*. Certaines versions imprimées de la pièce donnent dans ce vers: « Quant au Monsieur Là ».

35 *que de langage!* C'est-à-dire, « trop de discours! » ou « quels discours! ». Arnolphe commence à comprendre qu'Agnès parlera et agira désormais selon sa volonté.

36 *Je suis maître, je parle: allez, obéissez*. Vers emprunté à la tragédie de Pierre Corneille, *Sertorius* (1662) (v. 1767-1768) – donc, l'année de la première de *L'École des femmes*. « Corneille et Molière se connaissaient bien et ont vécu ensemble à Paris au cours des années où Molière est censé avoir composé ses grandes pièces. » Dominique Labbé ajoute que Molière jouera *Sertorius* 38 fois (*Corneille à l'ombre de Molière*).

ACTE III

Scène Première

ARNOLPHE, AGNÈS, ALAIN, GEORGETTE

ARNOLPHE

    Oui, tout a bien été, ma joie est sans pareille:

    Vous avez là suivi mes ordres à merveille,

    Confondu° de tout point le blondin séducteur,   645

    Et voilà de quoi sert un sage directeur.[37]

    Votre innocence, Agnès, avait été surprise.°

    Voyez sans y penser où vous vous étiez mise:

    Vous enfiliez° tout droit, sans mon instruction,

    Le grand chemin d'enfer et de perdition.   650

    De tous ces damoiseaux on sait trop les coutumes:

    Ils ont de beaux canons,[38] force° rubans et plumes,

    Grands cheveux, belles dents et des propos fort doux;

    Mais, comme je vous dis, la griffe est là-dessous;°

    Et ce sont vrais Satans, dont la gueule° altérée°   655

    De l'honneur féminin cherche à faire curée.°

    Mais, encore une fois, grâce au soin apporté,

    Vous en êtes sortie avec honnêteté.

    L'air° dont je vous ai vu lui jeter cette pierre,

    Qui de tous ses desseins a mis l'espoir par terre,   660

    Me confirme encor mieux à ne point différer°

    Les noces° où je dis qu'il vous faut préparer.

Confondu: *ici*, interdit, déconcerté	**altérée:** ayant très soif, assoiffée
surprise: *ici*, trompée	**faire curée:** avaler (donner aux
vous enfiliez: vous vous y engagiez	chiens les restes des animaux pris à
force: beaucoup de	la chasse)
là-dessous: *ici*, caché, dissimulé	**L'air:** *ici*, La façon
la gueule: (péjoratif) la bouche (d'un	**différer:** remettre à plus tard
animal)	**Les noces:** Le mariage

---

37 *Et voilà de quoi sert un sage directeur.* Arnolphe se veut le directeur de conscience (ou directeur spirituel) de la jeune femme, et jouera le rôle du prêtre qui la dirigera en matière de morale et de religion.

38 *de beaux canons.* Il s'agit ici de *canons de linge*, ornements de dentelle attachés au-dessous du genou du costume masculin.

Mais, avant toute chose, il est bon de vous faire
Quelque petit discours qui vous soit salutaire.°
Un siège au frais ici. Vous, si jamais en rien…[39]   665

GEORGETTE

De toutes vos leçons nous nous souviendrons bien.
Cet autre monsieur-là nous en faisait accroire;°
Mais…

ALAIN

S'il entre jamais, je veux jamais ne boire.[40]
Aussi bien est-ce un sot: il nous a l'autre fois
Donné deux écus d'or qui n'étaient pas de poids.[41]   670

ARNOLPHE

Ayez donc pour souper° tout ce que je désire;
Et pour notre contrat, comme je viens de dire.
Faites venir ici, l'un ou l'autre, au retour,
Le notaire[42] qui loge au coin de ce carfour.°

---

salutaire: profitable, utile	**souper**: dîner, repas du soir
nous en faisait accroire: nous faisait croire ce qui n'est pas	**carfour**: *aujourd'hui*, carrefour

---

39 *Un siège au frais ici. Vous, si jamais en rien…* Le premier ordre (« Mettez une chaise dehors. ») s'adresse à Alain. Le second est un début d'avertissement à Georgette.

40 *je veux jamais ne boire.* Alain promet solennellement de renoncer à boire de l'alcool s'il refuse jamais de suivre son maître en tout.

41 *deux écus d'or qui n'étaient pas de poids.* Souvent les pièces de monnaie en circulation ne contenaient pas une quantité d'or suffisante. C'étaient soit des pièces contrefaites, soit des pièces dont l'or avait été coupé ou rongé. Alain propose cette explication pour diminuer la « valeur » d'Horace, qui lui avait déjà acheté l'aide des servants dans sa cour à Agnès.

42 *Le notaire.* Autrefois, comme aujourd'hui, le notaire français remplissait beaucoup des fonctions de l'avocat, du comptable et du fiduciaire. Il s'occupait des contrats et des transferts de biens, ainsi que des contrats de mariage, qui souvent se trouvaient être, chez Molière, une transaction financière.

Scène II

Arnolphe, Agnès

Arnolphe, *assis.*

Agnès, pour m'écouter, laissez là votre ouvrage.° 675
Levez un peu la tête et tournez le visage:
Là, regardez-moi là, durant cet entretien,
Et jusqu'au moindre mot imprimez-le-vous° bien.
Je vous épouse, Agnès; et cent fois la journée
Vous devez bénir l'heur° de votre destinée, 680
Contempler la bassesse° où vous avez été,
Et dans le même temps admirer ma bonté,
Qui, de ce vil° état de pauvre villageoise
Vous fait monter au rang d'honorable bourgeoise,
Et jouir de° la couche° et des embrassements° 685
D'un homme qui fuyait tous ces engagements,°
Et dont à vingt partis° fort capables de plaire
Le cœur a refusé l'honneur qu'il vous veut faire.
Vous devez toujours, dis-je, avoir devant les yeux
Le peu que vous étiez sans ce nœud° glorieux, 690
Afin que cet objet° d'autant mieux vous instruise
À mériter l'état où je vous aurai mise,
À toujours vous connaître, et faire qu'à jamais
Je puisse me louer de l'acte que je fais.
Le mariage, Agnès, n'est pas un badinage:° 695
À d'austères devoirs le rang de femme engage,
Et vous n'y montez pas, à ce que je prétends,

---

ouvrage: *ici,* travail de couture
imprimez-le-vous: souvenez-vous-en
heur: bonne chance, bonne fortune
bassesse: pauvreté, bas rang
vil: bas
jouir de: posséder
la couche: le lit

embrassements: caresses
engagements: attaches, liens (de mariage)
partis: possibilités de mariage
nœud: *ici,* lien, mariage
objet: *ici,* objet de pensée
badinage: plaisanterie

Pour être libertine° et prendre du bon temps.° [43]
Votre sexe° n'est là que pour la dépendance:
Du côté de la barbe est la toute-puissance.°   700
Bien qu'on soit deux moitiés de la société,
Ces deux moitiés pourtant n'ont point d'égalité:
L'une est moitié suprême, et l'autre subalterne;°
L'une en tout est soumise à l'autre qui gouverne;
Et ce que le soldat, dans son devoir instruit,   705
Montre d'obéissance au chef qui le conduit,
Le valet à son maître, un enfant à son père,
À son supérieur le moindre petit Frère,[44]
N'approche point encor de la docilité,
Et de l'obéissance, et de l'humilité,   710
Et du profond respect où la femme doit être
Pour son mari, son chef, son seigneur et son maître.
Lorsqu'il jette sur elle un regard sérieux,
Son devoir aussitôt est de baisser les yeux,
Et de n'oser jamais le regarder en face   715
Que quand d'un doux regard il lui veut faire grâce.°
C'est ce qu'entendent mal les femmes d'aujourd'hui;
Mais ne vous gâtez pas sur l'exemple d'autrui.
Gardez-vous° d'imiter ces coquettes vilaines
Dont par toute la ville on chante les fredaines,°   720
Et de vous laisser prendre aux assauts° du malin,°
C'est-à-dire d'ouïr aucun jeune blondin.

libertine: femme libre, déréglée	**grâce**: *ici,* faveur divine
prendre du bon temps: vous amuser	**Gardez-vous**: Empêchez-vous
Votre sexe: *c'est-à-dire,* Le genre féminin	**fredaines**: folies
la toute-puissance: tout le pouvoir	**assauts**: attaques
subalterne: subordonnée	**le malin**: le Diable

43 *pour être libertine et prendre du bon temps.* Arnolphe rêve à un comportement qui serait le contraire de la conduite déréglée que représentaient, pour lui, les *libertins.* Au XVIIe siècle le *libertinage* était considéré un choix délibéré s'associant avec la *libre pensée* des individus qui s'écartaient des croyances et des devoirs religieux. Molière lui-même a été accusé d'impiétés pour avoir enfreint les bienséances théâtrales, qui interdisaient la représentation sur la scène de sujets religieux.

44 *le moindre petit Frère.* Dans un monastère ou dans un couvent, le novice ou le frère qui se consacre aux travaux manuels et aux services domestiques.

Songez qu'en vous faisant moitié de ma personne,
C'est mon honneur, Agnès, que je vous abandonne;
Que cet honneur est tendre et se blesse de peu;°   725
Que sur un tel sujet il ne faut point de jeu;
Et qu'il est aux enfers des chaudières bouillantes[45]
Où l'on plonge à jamais les femmes mal vivantes.
Ce que je vous dis là ne sont pas des chansons,°
Et vous devez du cœur dévorer ces leçons.   730
Si votre âme les suit et fuit d'être coquette,
Elle sera toujours, comme un lis,° blanche et nette;°
Mais s'il faut qu'à l'honneur elle fasse un faux bond,°
Elle deviendra lors noire comme un charbon;°
Vous paraîtrez à tous un objet effroyable,°   735
Et vous irez un jour, vrai partage° du diable,
Bouillir dans les enfers à toute éternité:
Dont vous veuille garder° la céleste bonté!°
Faites la révérence. Ainsi qu'une novice°
Par cœur dans le couvent doit savoir son office,[46]   740
Entrant au mariage, il en faut faire autant:
Et voici dans ma poche un écrit important

Il se lève.

Qui vous enseignera l'office de la femme.
J'en ignore l'auteur, mais c'est quelque bonne âme;

se blesse de peu: est très sensible	**charbon**: morceau de bois carbonisé
chansons: *ici*, clichés	**effroyable**: qui fait peur
lis: fleur blanche, symbole de l'innocence	**partage**: *ici*, proie
nette: propre, sans tache	**garder**: *ici*, protéger
fasse un faux bond: manque à un devoir	**la céleste bonté**: Dieu
	novice: jeune religieuse qui entre au couvent

45 *aux enfers des chaudières bouillantes.* Arnolphe est certain qu'Agnès croira à la vérité de cette menace: que les femmes qui ont quitté la bonne voie, et sont ainsi descendues aux enfers, s'y feront plonger dans de l'eau ou dans de l'huile bouillante. Cette image se retrouve dans un livre populaire de l'époque.

46 *une novice... doit savoir son office.* Selon Arnolphe, l'entrée au mariage correspond à l'entrée de la novice au couvent. Ces *Maximes du mariage* sont donc le livre de prières (l'office) que doit apprendre par cœur chaque jeune mariée. Notez qu'Agnès sait très bien lire; c'est une femme déjà lettrée.

Et je veux que ce soit votre unique entretien.°   745
Tenez. Voyons un peu si vous le lirez bien.

AGNÈS *lit.*

LES MAXIMES DU MARIAGE
OU LES DEVOIRS DE LA FEMME MARIÉE

AVEC SON EXERCICE JOURNALIER.°

Ire MAXIME

Celle qu'un lien° honnête
Fait entrer au lit d'autrui,
Doit se mettre dans la tête,
Malgré le train° d'aujourd'hui,   750
Que l'homme qui la prend, ne la prend que pour lui.

ARNOLPHE

Je vous expliquerai ce que cela veut dire;
Mais pour l'heure présente il ne faut rien que lire.

AGNÈS *poursuit.*

IIe MAXIME

Elle ne se doit parer°
Qu'autant que peut désirer   755
Le mari qui la possède.
C'est lui que touche seul le soin de sa beauté;
Et pour rien doit être compté°
Que les autres la trouvent laide.

IIIe MAXIME

Loin ces études d'œillades,°   760
Ces eaux, ces blancs, ces pommades,[47]

---

entretien: *ici*, occupation	**train:** *ici*, coutumes de la société
journalier: de tous les jours, quotidien	**se... parer:** se faire belle
lien: *ici*, mariage	**compté:** considéré
	œillades: regards furtifs

---

47 *Ces eaux, ces blancs, ces pommades.* Produits de beauté et articles de toilette raffinés que favorisent les Précieuses abhorrées par Arnolphe. Selon sa politique, les soins de beauté ne concernent point les maris.

Et mille ingrédients qui font des teints fleuris.°
À l'honneur tous les jours ce sont drogues mortelles;°
    Et les soins de paraître belles
    Se prennent peu° pour les maris.   765

IVᵉ Maxime

Sous sa coiffe, en sortant, comme l'honneur l'ordonne,
Il faut que de ses yeux elle étouffe° les coups;°
    Car pour bien plaire à son époux,°
    Elle ne doit plaire à personne.

Vᵉ Maxime

Hors ceux dont au mari la visite se rend,   770
    La bonne règle défend°
    De recevoir° aucune âme:
    Ceux qui, de galante humeur,
    N'ont affaire qu'°à Madame,
    N'accommodent pas Monsieur.   775

VIᵉ Maxime

    Il faut des présents des hommes
    Qu'elle se défende bien;
    Car dans le siècle où nous sommes,
    On ne donne rien pour rien.

VIIᵉ Maxime

Dans ses meubles, dût-elle en avoir de l'ennui,°   780
Il ne faut écritoire,° encre, papier, ni plumes:[48]

---

teints fleuris: complexions fraîches
  et saines
mortelles: dangereuses, fatales
Se prennent peu: Sont peu
  considérés
étouffe: *ici*, empêche, arrête
coups: *ici*, coups d'œil, regards
époux: mari

défend: *ici*, interdit, prohibe
recevoir: inviter
N'ont affaire qu(e): Viennent voir
  uniquement
dût-elle en avoir de l'ennui: même
  si cela la met en colère
écritoire: bôite contenant du papier
  et des plumes

---

48 *Il ne faut écritoire, encre, papier, ni plumes.* Quoique Agnès sache lire et écrire,
    Arnolphe a décidé que la liberté d'écrire devrait lui être défendue, étant une
    activité dangereuse et contre nature. (Elle pourrait, par exemple, écrire à
    d'éventuels galants.)

Le mari doit, dans les bonnes coutumes,
Écrire tout ce qui s'écrit chez lui.

VIIIe MAXIME

Ces sociétés déréglées,°
Qu'on nomme belles assemblées,[49]   785
Des femmes, tous les jours, corrompent les esprits:
En bonne politique on les doit interdire;
Car c'est là que l'on conspire
Contre les pauvres maris.

IXe MAXIME

Toute femme qui veut à l'honneur se vouer°   790
Doit se défendre de jouer,°
Comme d'une chose funeste:°
Car le jeu fort décevant°
Pousse une femme souvent
À jouer de tout son reste.°   795

Xe MAXIME

Des promenades du temps,
Ou repas qu'on donne aux champs,
Il ne faut pas qu'elle essaye:
Selon les prudents cerveaux,°
Le mari dans ces cadeaux,°   800
Est toujours celui qui paye.

XIe MAXIME…

---

déréglées: désordonnées, libertines	**de tout son reste**: *c'est-à-dire*, de son
se vouer: se consacrer	honneur
jouer: s'adonner aux jeux du hasard	**cerveaux**: esprits
funeste: sinistre, fatal	**cadeaux**: *ici*, repas en plein air
décevant: trompeur, séducteur	

---

49 *Qu'on nomme belles assemblées. Voir* note 23. Fait de nouveau référence aux
   réunions mondaines qui rassemblaient précieux et précieuses.

ARNOLPHE

> Vous achèverez seule,[50] et, pas à pas, tantôt
> Je vous expliquerai ces choses comme il faut,
> Je me suis souvenu d'une petite affaire:
> Je n'ai qu'un mot à dire, et ne tarderai guère. 805
> Rentrez, et conservez ce livre chèrement.
> Si le notaire vient, qu'il m'attende un moment.

SCÈNE III

ARNOLPHE

> Je ne puis faire mieux que d'en faire ma femme.
> Ainsi que je voudrai je tournerai cette âme;
> Comme un morceau de cire entre mes mains elle est, 810
> Et je lui puis donner la forme qui me plaît.
> Il s'en est peu fallu° que, durant mon absence,
> On ne m'ait attrapé° par son trop d'innocence;
> Mais il vaut beaucoup mieux, à dire vérité,
> Que la femme qu'on a pèche° de ce côté. 815
> De ces sortes d'erreurs le remède est facile:
> Toute personne simple aux leçons est docile;
> Et si du bon chemin on l'a fait écarter,
> Deux mots incontinent° l'y peuvent rejeter.°
> Mais une femme habile est bien une autre bête; 820
> Notre sort ne dépend que de sa seule tête;
> De ce qu'elle s'y met° rien ne la fait gauchir,°
> Et nos enseignements ne font là que blanchir:°
> Son bel esprit lui sert à railler° nos maximes,
> À se faire souvent des vertus de ses crimes, 825

Il s'en est peu fallu...: On (m')a presque (attrapé), On a failli (m'attraper)
attrapé: pris (au piège)
pèche: transgresse (verbe *pécher*)
incontinent: immédiatement

rejeter: remettre (sur le bon chemin)
s'y met: s'y décide
gauchir: détourner
ne font là que blanchir: sont tout à fait inefficaces
railler: se moquer de

---

50 *Vous achèverez seule.* Le livre de maximes du mariage est très long; Arnolphe fait confiance à Agnès de le lire et de l'apprendre en entier.

Et trouver, pour venir à ses coupables fins,°
Des détours° à duper l'adresse° des plus fins.°
Pour se parer du coup° en vain on se fatigue:
Une femme d'esprit est un diable en intrigue;
Et dès que son caprice a prononcé tout bas   830
L'arrêt de notre honneur, il faut passer le pas:°
Beaucoup d'honnêtes gens en pourraient bien que dire.
Enfin mon étourdi n'aura pas lieu d'°en rire.
Par son trop de caquet il a ce qu'il lui faut.
Voilà de nos Français l'ordinaire défaut:°   ·   835
Dans la possession d'une bonne fortune,°
Le secret est toujours ce qui les importune;°
Et la vanité sotte a pour eux tant d'appas,
Qu'ils se pendraient° plutôt que de ne causer pas.
Oh! que les femmes sont du diable bien tentées,   840
Lorsqu'elles vont choisir ces têtes éventées!
Et que...! Mais le voici... cachons-nous toujours bien,
Et découvrons un peu quel chagrin est le sien.

Scène IV

Horace, Arnolphe

Horace

Je reviens de chez vous, et le destin me montre
Qu'il n'a pas résolu que je vous y rencontre.   845
Mais j'irai tant de fois qu'enfin quelque moment...

Arnolphe

Hé! mon Dieu, n'entrons point dans ce vain compliment:
Rien ne me fâche tant que ces cérémonies;
Et si l'on m'en croyait, elles seraient bannies.

---

coupables fins: buts criminels
détours: *ici*, ruses, subterfuges
adresse: intelligence
fins: *ici*, intelligents
se parer du coup: se défendre
passer le pas: se rendre
n'aura pas lieu d(e): n'aura pas de
  motifs d(e)

défaut: point faible
une bonne fortune: une aventure
  galante
importune: ennuie
se pendraient: se donneraient la
  mort (avec une corde)

C'est un maudit usage;° et la plupart des gens 850
Y perdent sottement les deux tiers de leur temps.
Mettons donc sans façons.[51] Hé bien! vos amourettes?°
Puis-je, seigneur Horace, apprendre où vous en êtes?
J'étais tantôt° distrait par quelque vision;°
Mais depuis là-dessus j'ai fait réflexion: 855
De vos premiers progrès j'admire la vitesse,
Et dans l'événement mon âme s'intéresse.

HORACE

Ma foi, depuis qu'à vous s'est découvert mon cœur,
Il est à mon amour arrivé du malheur.

ARNOLPHE

Oh! oh! comment cela?

HORACE

      La fortune cruelle 860
A ramené des champs le patron de la belle.

ARNOLPHE

Quel malheur!

HORACE

     Et de plus, à mon très grand regret,
Il a su° de nous deux le commerce secret.

ARNOLPHE

D'où, diantre! a-t-il sitôt appris cette aventure?

HORACE

Je ne sais; mais enfin c'est une chose sûre. 865
Je pensais aller rendre, à mon heure° à peu près,
Ma petite visite à ses jeunes attraits,
Lorsque, changeant pour moi de ton et de visage,

---

usage: coutume, habitude	**vision:** *ici*, idée
amourettes: aventures amoureuses	**a su:** a découvert, a appris
tantôt: *ici*, il y a peu de temps	**à mon heure:** à mon heure usuelle

---

51 *Mettons donc sans façons.* Arnolphe dit à Horace de remettre son chapeau, tout en lui interdisant de lui faire des visites formelles. Ces remarques révèlent la nature foncière d'Arnolphe, un homme franc et simple qui essaie d'éviter les façons maniérées — ou précieuses — de son temps.

Et servante et valet m'ont bouché le passage,°
Et d'un « Retirez-vous, vous nous importunez »,   870
M'ont assez rudement fermé la porte au nez.

ARNOLPHE

La porte au nez!

HORACE

                        Au nez.

ARNOLPHE

                                    La chose est un peu forte.

HORACE

J'ai voulu leur parler au travers de la porte;
Mais à tous mes propos ce qu'ils ont répondu
C'est: « Vous n'entrerez point, Monsieur l'a défendu. »   875

ARNOLPHE

Ils n'ont donc point ouvert?

HORACE

                                    Non. Et de la fenêtre
Agnès m'a confirmé le retour de ce maître,
En me chassant de là d'un ton plein de fierté,
Accompagné d'un grès que sa main a jeté.

ARNOLPHE

Comment d'un grès?

HORACE

                                    D'un grès de taille° non petite,   880
Dont on a par ses mains régalé° ma visite.

ARNOLPHE

Diantre! ce ne sont pas des prunes que cela![52]
Et je trouve fâcheux l'état où vous voilà.

---

bouché le passage: interdit l'entrée   **régalé**: *ici*, payé, récompensé
taille: *ici*, grandeur

---

52 *ce ne sont pas des prunes que cela!* Ironique et familier. Des prunes, ce sont des
    riens, des bagatelles, mais aussi des projectiles — tel le grès qu'a jeté Agnès vers
    Horace.

HORACE

    Il est vrai, je suis mal° par ce retour funeste.

ARNOLPHE

    Certes j'en suis fâché pour vous, je vous proteste.°　　　885

HORACE

    Cet homme me rompt tout.°

ARNOLPHE

                     Oui, mais cela n'est rien,
    Et de vous raccrocher° vous trouverez moyen.

HORACE

    Il faut bien essayer par quelque intelligence,
    De vaincre du jaloux l'exacte vigilance.

ARNOLPHE

    Cela vous est facile. Et la fille, après tout,　　　890
    Vous aime.

HORACE

        Assurément.

ARNOLPHE

             Vous en viendrez à bout.°

HORACE

    Je l'espère.

ARNOLPHE

         Le grès vous a mis en déroute;
    Mais cela ne doit pas vous étonner.

HORACE

               Sans doute,
    Et j'ai compris d'abord que mon homme était là,
    Qui, sans se faire voir, conduisait tout cela.　　　895
    Mais ce qui m'a surpris, et qui va vous surprendre,
    C'est un autre incident que vous allez entendre;

---

je suis mal: *aujourd'hui*, je vais mal
je vous proteste: *ici*, je vous le jure
me rompt tout: détruit tout mon
  projet

raccrocher: rattraper (ce qui semble
  perdu)
viendrez à bout: réussirez

Un trait hardi° qu'a fait cette jeune beauté,
Et qu'on n'attendrait point de sa simplicité.
Il le faut avouer, l'amour est un grand maître:[53]   900
Ce qu'on ne fut jamais il nous enseigne à l'être;
Et souvent de nos mœurs l'absolu changement
Devient, par ses leçons, l'ouvrage d'un moment;
De la nature, en nous, il force les obstacles,
Et ses effets soudains ont de l'air des miracles;   905
D'un avare° à l'instant il fait un libéral,°
Un vaillant° d'un poltron,° un civil° d'un brutal;
Il rend agile à tout l'âme la plus pesante,
Et donne de l'esprit à la plus innocente.
Oui, ce dernier miracle éclate dans Agnès;   910
Car, tranchant° avec moi par ces termes exprès:
« Retirez-vous: mon âme aux visites renonce;
Je sais tous vos discours, et voilà ma réponse »,
Cette pierre ou ce grès dont vous vous étonniez,
Avec un mot de lettre est tombée à mes pieds;   915
Et j'admire de voir cette lettre ajustée°
Avec le sens des mots et la pierre jetée.
D'une telle action n'êtes-vous pas surpris?
L'amour sait-il pas l'art d'aiguiser° les esprits?
Et peut-on me nier° que ses flammes puissantes   920
Ne fassent dans un cœur des choses étonnantes?
Que dites-vous du tour et de ce mot d'écrit?
Euh! n'admirez-vous point cette adresse d'esprit?
Trouvez-vous pas plaisant de voir quel personnage°

---

trait hardi: tour courageux
un avare: celui qui aime l'argent et
   l'accumule
un libéral: *ici*, un généreux
un vaillant: un courageux
un poltron: un homme sans courage,
   un lâche

un civil: un homme poli
tranchant: coupant, séparant
ajustée: conciliée, accommodée
aiguiser: *ici*, rendre plus habile
nier: dire qu'une chose n'est pas
quel personnage: quel rôle

---

53 *l'amour est un grand maître*. Une remarque qui signale la transformation
   progressive d'Agnès, vue par Horace. L'amour a déjà rendu plus courageuse et
   astucieuse la pupille d'Arnolphe. On dit que cette phrase serait tirée d'un vers de
   Pierre Corneille (*La Suite du Menteur*, v. 595).

A joué mon jaloux dans tout ce badinage?   925
Dites.

ARNOLPHE

    Oui, fort plaisant.

HORACE

        Riez-en donc un peu.

         Arnolphe rit d'un ris° forcé.

Cet homme, gendarmé° d'abord contre mon feu,°
Qui chez lui se retranche,° et de grès fait parade,°
Comme si j'y voulais entrer par escalade;°
Qui, pour me repousser, dans son bizarre effroi,°   930
Anime du dedans tous ses gens contre moi,
Et qu'abuse à ses yeux, par sa machine[54] même,
Celle qu'il veut tenir dans l'ignorance extrême!
Pour moi, je vous l'avoue, encor que° son retour
En un grand embarras jette ici mon amour,   935
Je tiens cela plaisant autant qu'on saurait dire;
Je ne puis y songer sans de bon cœur en rire:
Et vous n'en riez pas assez, à mon avis.

ARNOLPHE, *avec un ris forcé.*

Pardonnez-moi, j'en ris tout autant que je puis.

HORACE

Mais il faut qu'en ami je vous montre la lettre.   940
Tout ce que son cœur sent, sa main a su l'y mettre,
Mais en termes touchants, et tous pleins de bonté,
De tendresse innocente et d'ingénuité,
De la manière enfin que la pure nature
Exprime de l'amour la première blessure.   945

---

un ris: un rire
gendarmé: s'étant emporté, ayant
  protesté
mon feu: (précieux) mon histoire
  d'amour
se retranche: se fortifie, se protège

parade: ostentation
entrer par escalade: s'introduire en
  montant
effroi: peur, grande frayeur
encor que: quoique, bien que

---

54 *sa machine*. C'est-à-dire, sa machine de guerre. Arnolphe a transformé sa maison
  en forteresse et se prépare à la défendre contre son ennemi.

ARNOLPHE, *bas.*

>   Voilà, friponne,° à quoi l'écriture te sert,
>   Et contre mon dessein, l'art° t'en fut découvert.

HORACE *lit.*

>   « Je veux vous écrire, et je suis bien en peine par où
>   je m'y prendrai. J'ai des pensées que je désirerais que vous
>   sussiez; mais je ne sais comment faire pour vous les dire, et je
>   me défie de° mes paroles. Comme je commence à connaître
>   qu'on m'a toujours tenue dans l'ignorance, j'ai peur de
>   mettre quelque chose qui ne soit pas bien, et d'en dire plus
>   que je ne devrais. En vérité, je ne sais ce que vous m'avez
>   fait; mais je sens que je suis fâchée à mourir de ce qu'on
>   me fait faire contre vous, que j'aurai toutes les peines du
>   monde à me passer de° vous, et que je serais bien aise d'être
>   à vous. Peut-être qu'il y a du mal à dire cela; mais enfin je
>   ne puis m'empêcher de le dire, et je voudrais que cela se pût
>   faire sans qu'il y en eût. On me dit fort que tous les jeunes
>   hommes sont des trompeurs; qu'il ne les faut point écouter;
>   et que tout ce que vous me dites n'est que pour m'abuser;
>   mais je vous assure que je n'ai pu encore me figurer cela de
>   vous, et je suis si touchée de vos paroles, que je ne saurais
>   croire qu'elles soient menteuses. Dites-moi franchement ce
>   qui en est:° car enfin, comme je suis sans malice, vous auriez
>   le plus grand tort du monde si vous me trompiez; et je pense
>   que j'en mourrais de déplaisir. »°

ARNOLPHE

>   Hon! chienne!°

HORACE

>   Qu'avez-vous?

ARNOLPHE

>   Moi? rien. C'est que je tousse.

---

friponne: trompeuse, sans scrupules
art: *ici*, artifice, intrigue
je me défie de: je n'ai pas confiance
  en
me passer de: vivre sans

ce qui en est: la vérité
déplaisir: chagrin violent
chienne: (terme d'injure) canaille,
  vermine

HORACE

    Avez-vous jamais vu d'expression plus douce?
    Malgré les soins maudits d'un injuste pouvoir,   950
    Un plus beau naturel° peut-il se faire voir?
    Et n'est-ce pas sans doute un crime punissable
    De gâter méchamment ce fonds° d'âme admirable,
    D'avoir dans l'ignorance et la stupidité
    Voulu de cet esprit étouffer la clarté?°   955
    L'amour a commencé d'en déchirer le voile;°
    Et si, par la faveur de quelque bonne étoile,°
    Je puis, comme j'espère, à ce franc° animal,
    Ce traître, ce bourreau,° ce faquin,° ce brutal…

ARNOLPHE

    Adieu.

HORACE

          Comment, si vite?

ARNOLPHE

                    Il m'est dans la pensée,   960
    Venu tout maintenant une affaire pressée.

HORACE

    Mais ne sauriez-vous point, comme on la tient de près,
    Qui dans cette maison pourrait avoir accès?
    J'en use° sans scrupule; et ce n'est pas merveille
    Qu'on se puisse, entre amis, servir à la pareille.°   965
    Je n'ai plus là-dedans que gens pour m'observer;
    Et servante et valet, que je viens de trouver,
    N'ont jamais, de quelque air que je m'y sois pu prendre,
    Adouci° leur rudesse à me vouloir entendre.
    J'avais pour de tels coups certaine vieille en main,°   970
    D'un génie,° à vrai dire, au-dessus de l'humain:

---

naturel: nature, tempérament	**bourreau**: homme cruel; exécuteur
fonds: richesse	**faquin**: (terme d'injure) sot, canaille
clarté: lumière	**J'en use**: J'agis
voile: pièce d'étoffe qui cache le visage	**à la pareille**: en retour
étoile: corps céleste; hasard	**Adouci**: Diminué
franc: *ici*, (péjoratif) parfait, pur	**en main**: à ma disposition
	génie: talent, aptitude

Elle m'a dans l'abord° servi de bonne sorte;°
Mais depuis quatre jours la pauvre femme est morte.
Ne me pourriez-vous point ouvrir quelque moyen?

ARNOLPHE

Non, vraiment; et sans moi vous en trouverez bien.°   975

HORACE

Adieu donc. Vous voyez ce que je vous confie.

Scène V

ARNOLPHE

Comme il faut devant lui que je me mortifie!
Quelle peine à cacher mon déplaisir cuisant!°
Quoi! pour une innocente, un esprit si présent!°
Elle a feint° d'être telle à mes yeux, la traîtresse,   980
Ou le diable à son âme a soufflé cette adresse.
Enfin me voilà mort par ce funeste écrit.
Je vois qu'il a, le traître, empaumé° son esprit,
Qu'à ma suppression° il s'est ancré chez elle,
Et c'est mon désespoir et ma peine mortelle.   985
Je souffre doublement dans le vol° de son cœur,
Et l'amour y pâtit aussi bien que l'honneur,
J'enrage de trouver cette place usurpée,
Et j'enrage de voir ma prudence° trompée.
Je sais que, pour punir son amour libertin,   990
Je n'ai qu'à laisser faire à son mauvais destin,
Que je serai vengé d'elle par elle-même;
Mais il est bien fâcheux de perdre ce qu'on aime.
Ciel! puisque pour un choix j'ai tant philosophé°
Faut-il de ses appas m'être si fort coiffé!°   995
Elle n'a ni parents, ni support, ni richesse;

dans l'abord: au début	**empaumé**: subjugué
de bonne sorte: comme il fallait	**à ma suppression**: pour me faire
vous en trouverez bien: vous vous	disparaître
débrouillerez	**vol**: *ici*, prise (de ce qui est à autrui)
cuisant: douloureux, aigu	**prudence**: *ici*, vigilance
présent: vif, rapide	**philosophé**: raisonné
a feint: a fait semblant (verbe *feindre*)	**m'être... coiffé**: être tombé amoureux

Elle trahit mes soins, mes bontés, ma tendresse;
Et cependant je l'aime, après ce lâche° tour,
Jusqu'à ne me pouvoir passer de cet amour.
Sot, n'as-tu point de honte? Ah! je crève, j'enrage,　　　　1000
Et je souffletterais° mille fois mon visage.
Je veux entrer un peu, mais seulement pour voir
Quelle est sa contenance après un trait° si noir.
Ciel! faites que mon front soit exempt de disgrâce;
Ou bien, s'il est écrit qu'il faille que j'y passe,　　　　1005
Donnez-moi, tout au moins, pour de tels accidents,
La constance° qu'on voit à de certaines gens!

ACTE IV

Scène Première

Arnolphe

J'ai peine, je l'avoue, à demeurer en place,
Et de mille soucis mon esprit s'embarrasse
Pour pouvoir mettre un ordre° et dedans et dehors　　　　1010
Qui du godelureau° rompe tous les efforts.
De quel œil° la traîtresse a soutenu ma vue!°
De tout ce qu'elle a fait elle n'est point émue;
Et bien qu'elle me mette à deux doigts° du trépas,
On dirait, à la voir, qu'elle n'y touche pas.°　　　　1015
Plus en la regardant je la voyais tranquille,
Plus je sentais en moi s'échauffer° une bile;
Et ces bouillants transports° dont s'enflammait mon cœur
Y semblaient redoubler mon amoureuse ardeur.
J'étais aigri,° fâché, désespéré contre elle:　　　　1020

---

lâche: *ici*, odieux
souffletterais: frapperais, giflerais
trait: *ici*, blessure d'amour
constance: force, fermeté d'âme
un ordre: de l'ordre
godelureau: (populaire) jeune
　　étourdi, vantard
œil: *ici*, regard nonchalant

vue: *ici*, arrivée
à deux doigts: tout proche
n'y touche pas: ne s'en soucie pas
s'échauffer: s'enflammer
transports: *ici*, manifestations d'une
　　passion
aigri: *ici*, exaspéré, fâché

Et cependant jamais je ne la vis si belle,
Jamais ses yeux aux miens n'ont paru si perçants,
Jamais je n'eus pour eux des désirs si pressants,
Et je sens là-dedans qu'il faudra que je crève,
Si de mon triste sort la disgrâce s'achève.   1025
Quoi? j'aurai dirigé son éducation
Avec tant de tendresse et de précaution,
Je l'aurai fait passer chez moi dès son enfance,
Et j'en aurai chéri la plus tendre espérance,
Mon cœur aura bâti° sur ses attraits naissants   1030
Et cru la mitonner° pour moi durant treize ans,
Afin qu'un jeune fou dont elle s'amourache°
Me la vienne enlever jusque sur la moustache,°
Lorsqu'elle est avec moi mariée à demi!°
Non, parbleu!° non, parbleu! Petit sot, mon ami,   1035
Vous aurez beau tourner:° ou j'y perdrai mes peines,°
Ou je rendrai, ma foi, vos espérances vaines,
Et de moi tout à fait vous ne vous rirez point.

Scène II

Le Notaire, Arnolphe

Le Notaire
Ah! le voilà! Bonjour. Me voici tout à point
Pour° dresser° le contrat que vous souhaitez faire.   1040

Arnolphe, *sans le voir.*
Comment faire?[55]

---

bâti: fondé des projets	l'évidence (par Dieu!)
mitonner: (au figuré) faire cuire longtemps, mijoter (un plat)	**Vous aurez beau tourner**: Vous tournerez (autour d'elle) inutilement
s'amourache: tombe amoureuse	
sur la moustache: sous mes yeux	**peines**: *ici*, efforts
mariée à demi: presque ma femme	**à point Pour**: prêt à
parbleu!: juron qui exprime	**dresser**: établir

---

55 *Comment faire?* Suivez de près le dialogue entre Arnolphe et le Notaire. Arnolphe ne voit ni n'entend le Notaire (v. 1039-1077), bien que ce dernier l'interpelle et interprète ses paroles comme si tous les deux discutaient de la même chose (du contrat de mariage).

LE NOTAIRE

> Il le faut dans la forme ordinaire.

ARNOLPHE, *sans le voir.*

> À mes précautions je veux songer de près.

LE NOTAIRE

> Je ne passerai rien° contre vos intérêts.

ARNOLPHE, *sans le voir.*

> Il se faut garantir de toutes les surprises.

LE NOTAIRE

> Suffit qu'entre mes mains vos affaires soient mises.   1045
> Il ne vous faudra point, de peur d'être déçu,°
> Quittancer° le contrat que vous n'ayez reçu.[56]

ARNOLPHE, *sans le voir.*

> J'ai peur, si je vais faire éclater quelque chose,
> Que de cet incident par la ville on ne cause.

LE NOTAIRE

> Hé bien! il est aisé d'empêcher cet éclat,   1050
> Et l'on peut en secret faire votre contrat.

ARNOLPHE, *sans le voir.*

> Mais comment faudra-t-il qu'avec elle j'en sorte?

LE NOTAIRE

> Le douaire se règle au bien qu'on vous apporte.[57]

---

ne passerai rien: n'y mettrai rien	**Quittancer**: Approuver, Signer
déçu: *ici*, triché, trompé	

---

56 *Il ne vous faudra point... Quittancer le contrat que vous n'ayez reçu.* Au moment des
   fiançailles traditionnelles, la famille de la femme promet une somme d'argent (la
   dot — au XVIIe siècle, *le* dot) au futur époux. Le fiancé, à son tour, promet de
   faire vivre sa femme et de fournir le douaire (*voir* note 57). Le contrat de mariage
   fixe un délai de paiement de la dot (par exemple, dix ans); le mari ne signera pas
   (ne quittancera pas) le contrat avant que cette somme n'ait été payée. Ce discours
   se révèle doublement ironique du fait qu'Agnès est sans famille. Ainsi elle n'aura
   pas de dot.

57 *Le douaire se règle au bien qu'on vous apporte.* Le *douaire* était la somme d'argent
   ou les biens donnés (ou promis) par un mari à sa femme lors du mariage, pour
   assurer la subsistance de la femme en cas de la mort du mari (le veuvage), et
   dont elle pouvait disposer comme elle voulait. Dans ce vers (v. 1053), le
   « bien » fait référence à la *dot* (*voir* note 56). Le montant du douaire se fixait
   proportionnellement au total originel de la dot.

ARNOLPHE, *sans le voir.*
> Je l'aime, et cet amour est mon grand embarras.

LE NOTAIRE
> On peut avantager une femme en ce cas.   1055

ARNOLPHE, *sans le voir.*
> Quel traitement lui faire[58] en pareille aventure?

LE NOTAIRE
> L'ordre est que le futur° doit douer° la future
> Du tiers du dot qu'elle a;[59] mais cet ordre n'est rien,
> Et l'on va plus avant° lorsque l'on le veut bien.

ARNOLPHE, *sans le voir.*
> Si…

LE NOTAIRE, *Arnolphe l'apercevant.*
> Pour le préciput,[60] il les regarde ensemble.   1060
> Je dis que le futur peut comme bon lui semble
> Douer la future.

ARNOLPHE, *l'ayant aperçu.*
> Euh?

LE NOTAIRE
> Il peut l'avantager
> Lorsqu'il l'aime beaucoup et qu'il veut l'obliger,

---

le futur (**la future**): le futur mari (la future femme)	sa femme)
douer: fournir des biens (du mari à	**on va plus avant**: on avantage (la femme)

---

58 *Quel traitement lui faire.* Notez le sens double de *traitement* qui veut dire « un salaire », « une rémunération », mais aussi « le comportement à l'égard de quelqu'un ». La conversation entre Arnolphe et le Notaire continue à tourner autour d'un quiproquo.

59 *le futur doit douer la future Du tiers du dot qu'elle a.* La *dot* comprend le bien que la femme apporte au ménage. Le Notaire explique ici la responsabilité financière du mari envers la femme au moment où celle-ci fournit sa dot, selon les éléments contractuels recommandés. Mais ces dispositions peuvent être flexibles, comme nous verrons un peu plus tard.

60 *Pour le préciput.* Il s'agit de la partie prélevée d'un héritage, par exemple, en faveur de la femme (ou bien, du fils aîné) avant le partage du reste de l'héritage parmi les héritiers.

Et cela par douaire, ou préfix qu'on appelle,[61]
Qui demeure perdu par le trépas d'icelle,° [62]   1065
Ou sans retour,° qui va de ladite° à ses hoirs,°
Ou coutumier,[63] selon les différents vouloirs,°
Ou par donation dans le contrat formelle,[64]
Qu'on fait ou pure et simple, ou qu'on fait mutuelle.[65]
Pourquoi hausser le dos?[66] Est-ce qu'on parle en fat,°   1070
Et que l'on ne sait pas les formes d'un contrat?
Qui me les apprendra? Personne, je présume.
Sais-je pas qu'étant joints on est par la Coutume[67]
Communs en meubles, biens immeubles° et conquêts,[68]
À moins que par un acte° on y renonce exprès?   1075
Sais-je pas que le tiers du bien de la future
Entre en communauté° pour...

ARNOLPHE

Oui, c'est chose sûre,
Vous savez tout cela; mais qui vous en dit mot?

icelle: celle que voici (la femme)
sans retour: *c'est-à-dire*, sans
  retourner (des biens) au mari
ladite: cette femme
hoirs: héritiers naturels
vouloirs: désirs, intentions

en fat: comme un sot
biens immeubles: propriété
  immobilière (bâtiments, terrain)
acte: *ici*, document officiel
en communauté: *Voir* note 68.

---

61 *ou préfix qu'on appelle.* Appelé aussi *douaire préfix*: la somme que le mari assure à
    sa femme, s'il vient à mourir avant elle.

62 *Qui demeure perdu par le trépas d'icelle.* Si la femme meurt avant son mari, cette
    disposition (le douaire) sera annulée.

63 *coutumier.* Le *douaire coutumier*, différant du *préfix* (et plus avantageux à la femme),
    assure à la veuve la moitié du bien possédé par le mari le jour du mariage.

64 *par donation... formelle.* Don ou cadeau fait aux héritiers, qui parfois s'effectue
    pendant le vivant du donateur.

65 *Qu'on fait pure et simple... ou qu'on fait mutuelle.* Il s'agit toujours de la *donation*
    (*voir* note 64). *Pure et simple*: en faveur d'un seul des époux; *mutuelle*: réciproque,
    et en faveur de l'époux survivant.

66 *Pourquoi hausser le dos?* Le Notaire se rend enfin compte qu'Arnolphe se comporte
    de façon bizarre, dans l'entreprise d'une affaire aussi sérieuse.

67 *la Coutume.* Le droit établi par l'usage en certaines provinces et qui a force de loi,
    c'est-à-dire, de la législation introduite par l'usage seul.

68 *conquêts.* Aussi, *acquêts*: biens acquis durant le mariage et qui entre dans la
    communauté (biens possédés par les deux époux à titre égal).

LE NOTAIRE

    Vous, qui me prétendez faire passer pour sot,

    En me haussant l'épaule et faisant la grimace.   1080

ARNOLPHE

    La peste soit fait l'homme, et sa chienne de face!

    Adieu: c'est le moyen de vous faire finir.

LE NOTAIRE

    Pour dresser un contrat m'a-t-on pas fait venir?

ARNOLPHE

    Oui, je vous ai mandé;° mais la chose est remise,°

    Et l'on vous mandera quand l'heure sera prise,°   1085

    Voyez quel diable d'homme avec son entretien!

LE NOTAIRE

    Je pense qu'il en tient,° et je crois penser bien.

Scène III

LE NOTAIRE, ALAIN, GEORGETTE, ARNOLPHE

LE NOTAIRE

    M'êtes-vous pas venu quérir pour° votre maître?

ALAIN

    Oui.

LE NOTAIRE

        J'ignore pour qui vous le pouvez connaître,°

    Mais allez de ma part lui dire de ce pas°   1090

    Que c'est un fou fieffé.[69]

GEORGETTE

               Nous n'y manquerons pas.

---

mandé: fait venir	**quérir pour**: aller chercher
remise: pour une autre fois	**connaître**: *ici*, prendre
prise: décidée	**de ce pas**: tout de suite
en tient: est blessé (au cerveau), fou	

---

69 *un fou fieffé*. Tout à fait fou: se dit de quelqu'un qui possède au plus haut degré
    un défaut, un vice (comme s'il a été pourvu d'un *fief* – un domaine noble – au
    moyen âge).

Scène IV

>   *Alain, Georgette, Arnolphe*

Alain

    Monsieur…

Arnolphe

           Approchez-vous; vous êtes mes fidèles,
Mes bons, mes vrais amis, et j'en sais des nouvelles.

Alain

    Le notaire…

Arnolphe

           Laissons, c'est pour quelque autre jour.
On veut à mon honneur jouer d'un mauvais tour;   1095
Et quel affront pour vous, mes enfants, pourrait-ce être,
Si l'on avait ôté l'honneur à votre maître!
Vous n'oseriez après paraître en nul endroit,
Et chacun, vous voyant, vous montrerait au doigt.
Donc, puisque autant que moi l'affaire vous regarde,   1100
Il faut de votre part faire une telle garde,
Que ce galant ne puisse en aucune façon…

Georgette

    Vous nous avez tantôt montré notre leçon.

Arnolphe

    Mais à ses beaux discours gardez bien de vous rendre.

Alain

    Oh! vraiment…

Georgette

           Nous savons comme il faut s'en défendre.   1105

Arnolphe

    S'il venait doucement: « Alain, mon pauvre cœur,
Par un peu de secours soulage ma langueur. »°

Alain

    « Vous êtes un sot. »

> **soulage ma langueur**: aide-moi à
> alléger mon malheur

ARNOLPHE, *à Georgette.*

Bon. « Georgette, ma mignonne,°
Tu me parais si douce et si bonne personne. »

GEORGETTE

« Vous êtes un nigaud.° »

ARNOLPHE, *à Alain.*

Bon. « Quel mal trouves-tu   1110
Dans un dessein honnête et tout plein de vertu? »

ALAIN

« Vous êtes un fripon. »

ARNOLPHE, *à Georgette.*

Fort bien. « Ma mort est sûre,
Si tu ne prends pitié des peines que j'endure. »

GEORGETTE

« Vous êtes un benêt, un impudent. »

ARNOLPHE

Fort bien.
« Je ne suis pas un homme à vouloir rien pour rien,[70]   1115
Je sais, quand on me sert, en garder la mémoire;
Cependant, par avance, Alain, voilà pour boire;
Et voilà pour t'avoir, Georgette, un cotillon:°

Ils tendent tous deux la main et prennent l'argent.

Ce n'est de mes bienfaits° qu'un simple échantillon.
Toute la courtoisie enfin dont je vous presse,   1120
C'est que je puisse voir votre belle maîtresse. »

GEORGETTE, *le poussant.*

À d'autres![71]

---

mignonne: (terme de tendresse) favorite **nigaud**: (populaire) sot, niais	**cotillon**: petite jupe de dessous, portée par des paysannes **mes bienfaits**: *ici*, ma générosité

---

70 *Je ne suis pas un homme à vouloir rien pour rien.* Toujours en jouant le rôle du galant (du personnage d'Horace), Arnolphe offre de l'argent à Alain et à Georgette, pour qu'ils lui ouvrent la porte d'Agnès.

71 *À d'autres!* C'est-à-dire, « Allez raconter ça à des gens plus naïfs! »

ARNOLPHE

> Bon cela.

ALAIN, *le poussant.*

> > Hors d'ici!

ARNOLPHE

> > Bon.

GEORGETTE, *le poussant.*

> > > Mais tôt.

ARNOLPHE

> Bon. Holà! c'est assez.

GEORGETTE

> > Fais-je pas comme il faut?

ALAIN

> Est-ce de la façon que vous voulez l'entendre?

ARNOLPHE

> Oui, fort bien, hors° l'argent, qu'il ne fallait pas prendre.   1125

GEORGETTE

> Nous ne nous sommes pas souvenus de ce point.

ALAIN

> Voulez-vous qu'à l'instant nous recommencions?

ARNOLPHE

> > > Point:°
>
> Suffit. Rentrez tous deux.

ALAIN

> > Vous n'avez rien qu'à dire.

ARNOLPHE

> Non, vous dis-je; rentrez, puisque je le désire.
> Je vous laisse l'argent. Allez: je vous rejoins.   1130
> Ayez bien l'œil à tout, et secondez mes soins.°

---

hors: excepté
Point: Non

secondez mes soins: aidez mes
efforts

Scène V

Arnolphe

> Je veux, pour espion qui soit d'exacte vue,
> Prendre le savetier° du coin de notre rue.
> Dans la maison toujours je prétends la tenir,
> Y faire bonne garde, et surtout en bannir   1135
> Vendeuses de ruban, perruquières,° coiffeuses,
> Faiseuses de mouchoirs, gantières,° revendeuses,° [72]
> Tous ces gens qui sous main travaillent chaque jour
> À faire réussir les mystères d'amour.
> Enfin j'ai vu le monde, et j'en sais les finesses.°   1140
> Il faudra que mon homme ait de grandes adresses
> Si message ou poulet° de sa part peut entrer.

Scène VI

Horace, Arnolphe

Horace

> La place m'est heureuse à vous y rencontrer.
> Je viens de l'échapper bien belle,° je vous jure.
> Au sortir d'avec vous, sans prévoir l'aventure,   1145
> Seule dans son balcon j'ai vu paraître Agnès,
> Qui des arbres prochains° prenait un peu le frais.
> Après m'avoir fait signe, elle a su faire en sorte,
> Descendant au jardin, de m'en ouvrir la porte;
> Mais à peine tous deux dans sa chambre étions-nous,   1150
> Qu'elle a sur les degrés° entendu son jaloux;

---

savetier: cordonnier (qui répare les chaussures)
perruquières: qui fabriquent des perruques (fausses chevelures)
gantières: qui fabriquent des gants (vêtements pour les mains)
revendeuses: commerçantes, marchandes
finesses: *ici*, duplicités, ruses
poulet: (vieilli) billet doux, message
l'échapper bien belle: échapper de justesse à un danger
prochains: proches, voisins
degrés: marches (d'un escalier)

---

72 *Vendeuses de ruban... revendeuses.* Arnolphe dresse ici la liste de toutes les commerçantes susceptibles d'entrer chez Agnès et qui joueraient le rôle d'entremetteuses, en lui livrant par exemple les billets doux écrits par son amant.

Et tout ce qu'elle a pu, dans un tel accessoire,°
C'est de me renfermer dans une grande armoire.
Il est entré d'abord; je ne le voyais pas,
Mais je l'oyais marcher, sans rien dire, à grands pas,   1155
Poussant de temps en temps des soupirs° pitoyables,
Et donnant quelquefois de grands coups sur les tables;
Frappant un petit chien qui pour lui s'émouvait,°
Et jetant brusquement les hardes° qu'il trouvait;
Il a même cassé, d'une main mutinée,°   1160
Des vases dont la belle ornait sa cheminée;°
Et sans doute il faut bien qu'à ce becque cornu[73]
Du trait qu'elle a joué quelque jour° soit venu.
Enfin, après cent tours,° ayant de la manière
Sur ce qui n'en peut mais° déchargé sa colère,   1165
Mon jaloux inquiet, sans dire son ennui,
Est sorti de la chambre, et moi de mon étui.°
Nous n'avons point voulu, de peur du personnage,°
Risquer à nous tenir ensemble davantage:
C'était trop hasarder;° mais je dois, cette nuit,   1170
Dans sa chambre un peu tard m'introduire sans bruit.
En toussant par trois fois je me ferai connaître;
Et je dois au signal voir ouvrir la fenêtre,
Dont, avec une échelle, et secondé d'Agnès,
Mon amour tâchera de me gagner l'accès.   1175
Comme à mon seul ami, je veux bien vous l'apprendre:
L'allégresse° du cœur s'augmente à la répandre;°
Et, goûtât-on cent fois un bonheur trop parfait,
On n'en est pas content, si quelqu'un ne le sait.

---

accessoire: *ici*, danger, malheur	(après avoir fait cent tours)
soupirs: respiration qui évoque la souffrance	**ce qui n'en peut mais**: les choses les plus faibles
s'émouvait: s'agitait autour de lui	**étui**: boîte étroite
hardes: (vieilli) vêtements	**du personnage**: *ici*, de ce type-là
mutinée: irritée	**hasarder**: risquer
cheminée: partie supérieure du foyer	**L'allégresse**: La joie
jour: *ici*, compréhension, savoir	**à la répandre**: à la disséminer, à en parler
après cent tours: après longtemps	

---

73 *becque cornu*. Mari trompé (de l'italien, *becco cornuto*, bouc à cornes).

Vous prendrez part, je pense, à l'heur de mes affaires.   1180
Adieu. Je vais songer aux choses nécessaires.

Scène VII

Arnolphe

Quoi? l'astre° qui s'obstine à me désespérer°
Ne me donnera pas le temps de respirer?
Coup sur coup° je verrai par leur intelligence,
De mes soins vigilants confondre° la prudence?   1185
Et je serai la dupe, en ma maturité,
D'une jeune innocente et d'un jeune éventé?
En sage philosophe on m'a vu vingt années,
Contempler des maris les tristes destinées,
Et m'instruire avec soin de tous les accidents   1190
Qui font dans le malheur tomber les plus prudents;
Des disgrâces d'autrui profitant dans mon âme,
J'ai cherché les moyens, voulant prendre une femme,
De pouvoir garantir mon front de tous affronts,
Et le tirer de pair° d'avec les autres fronts.   1195
Pour ce noble dessein, j'ai cru mettre en pratique
Tout ce que peut trouver l'humaine politique;°
Et comme si du sort il était arrêté°
Que nul homme ici-bas n'en serait exempté,
Après l'expérience et toutes les lumières   1200
Que j'ai pu m'acquérir sur de telles matières,
Après vingt ans et plus de méditation
Pour me conduire en tout avec précaution,
De tant d'autres maris j'aurais quitté la trace°
Pour me trouver après dans la même disgrâce?   1205
Ah! bourreau de destin, vous en aurez menti.
De l'objet° qu'on poursuit je suis encor nanti;°

---

astre: *ici*, destinée
me désespérer: me priver d'espoir
Coup sur coup: L'un après l'autre
confondre: perdre, détruire
le tirer du pair: l'élever (au-dessus des autres)

l'humaine politique: le comportement adroit
arrêté: *ici*, décidé
la trace: l'exemple, la voie
l'objet: *c'est-à-dire*, l'objet aimé (Agnès)
nanti: en possession

Si son cœur m'est volé par ce blondin funeste,
J'empêcherai du moins qu'on s'empare° du reste,
Et cette nuit, qu'on prend pour ce galant exploit,   1210
Ne se passera pas si doucement qu'on croit.
Ce m'est quelque plaisir, parmi tant de tristesse,
Que l'on me donne avis° du piège qu'on me dresse,
Et que cet étourdi, qui veut m'être fatal,
Fasse son confident de son propre rival.   1215

Scène VIII

CHRYSALDE, ARNOLPHE

CHRYSALDE

Hé bien! souperons-nous avant la promenade?

ARNOLPHE

Non, je jeûne° ce soir.

CHRYSALDE

D'où vient cette boutade?°

ARNOLPHE

De grâce, excusez-moi: j'ai quelque autre embarras.°

CHRYSALDE

Votre hymen résolu ne se fera-t-il pas?

ARNOLPHE

C'est trop s'inquiéter des affaires des autres.   1220

CHRYSALDE

Oh! oh! si brusquement! Quels chagrins sont les vôtres?
Serait-il point, compère, à votre passion
Arrivé quelque peu de tribulation?
Je le jurerais presque à voir votre visage.

ARNOLPHE

Quoi qu'il m'arrive, au moins aurai-je l'avantage   1225

---

s'empare (de): saisisse, prenne
qu'on me donne avis: qu'on
  m'informe

je jeûne: je ne mange pas
boutade: attaque, brusquerie
embarras: souci, tracas

De ne pas ressembler à de certaines gens
Qui souffrent doucement l'approche des galants.

CHRYSALDE

C'est un étrange fait, qu'avec tant de lumières,
Vous vous effarouchiez° toujours sur ces matières;
Qu'en cela vous mettiez le souverain bonheur,   1230
Et ne conceviez point au monde d'autre honneur.
Être avare, brutal, fourbe,° méchant et lâche,
N'est rien à votre avis auprès de cette tache;°
Et, de quelque façon qu'on puisse avoir vécu,
On est homme d'honneur quand on n'est point cocu.   1235
À le bien prendre au fond,° pourquoi voulez-vous croire
Que de ce cas fortuit° dépende notre gloire,
Et qu'une âme bien née ait à se reprocher
L'injustice d'un mal qu'on ne peut empêcher?
Pourquoi voulez-vous, dis-je, en prenant une femme,   1240
Qu'on soit digne,° à son choix, de louange ou de blâme,
Et qu'on s'aille former un monstre plein d'effroi[74]
De l'affront que nous fait son manquement de foi?°
Mettez-vous dans l'esprit qu'on peut du cocuage°
Se faire en galant homme une plus douce image,   1245
Que des coups du hasard aucun n'étant garant,[75]
Cet accident de soi doit être indifférent,
Et qu'enfin tout le mal, quoi que le monde glose,°
N'est que dans la façon de recevoir la chose;
Car, pour se bien conduire en ces difficultés,   1250
Il y faut, comme en tout, fuir° les extrémités,

---

vous vous effarouchiez: vous preniez peur	**Qu'on soit digne (de)**: Qu'on mérite
fourbe: malhonnête, hypocrite	**manquement de foi**: défaut de parole
tache: marque (de déshonneur)	**cocuage**: état de celui qui est cocu
au fond: en réalité	**glose**: raille, ridiculise
fortuit: sujet au hasard, à la chance	**fuir**: *ici*, éviter

---

74 *Et qu'on s'aille former un monstre plein d'effroi*. Chrysalde décèle le caractère profondément obsessif du souci principal d'Arnolphe.

75 *Que des coups du hasard aucun n'étant garant*. Voir les avertissements de Chrysalde qui ouvrent la Scène Première du Premier Acte.

N'imiter pas ces gens un peu trop débonnaires°
Qui tirent vanité de ces sortes d'affaires,
De leurs femmes toujours vont citant° les galants,
En font partout l'éloge, et prônent° leurs talents,   1255
Témoignent avec eux d'étroites sympathies,
Sont de tous leurs cadeaux,° de toutes leurs parties,°
Et font qu'avec raison les gens sont étonnés
De voir leur hardiesse° à montrer là leur nez.
Ce procédé, sans doute, est tout à fait blâmable;   1260
Mais l'autre extrémité n'est pas moins condamnable.
Si je n'approuve pas ces amis des galants,
Je ne suis pas aussi° pour ces gens turbulents
Dont l'imprudent chagrin, qui tempête° et qui gronde,
Attire au bruit qu'il fait les yeux de tout le monde,   1265
Et qui, par cet éclat, semblent ne pas vouloir
Qu'aucun puisse ignorer ce qu'ils peuvent avoir.
Entre ces deux partis il en est un honnête,
Où dans l'occasion l'homme prudent s'arrête;
Et quand on le sait prendre, on n'a point à rougir   1270
Du pis° dont une femme avec nous puisse agir.
Quoi qu'on en puisse dire enfin, le cocuage
Sous des traits moins affreux aisément s'envisage;
Et, comme je vous dis, toute l'habileté°
Ne va qu'à le savoir tourner du bon côté.   1275

ARNOLPHE

Après ce beau discours, toute la confrérie°
Doit un remercîment à Votre Seigneurie;°
Et quiconque voudra vous entendre parler
Montrera de la joie à s'y voir enrôler.°

---

débonnaires: généreux, bons	**Du pis**: Du plus mal
citant: répétant les paroles de	**habileté**: intelligence, adresse
prônent: recommandent, vantent	**la confrérie**: *c'est-à-dire*, l'association
cadeaux: *ici*, repas en plein air	des cocus
parties: *ici*, excursions	**Votre Seigneurie**: (ironique) Votre
hardiesse: courage, témérité	Grâce, Votre Excellence
aussi: *ici*, non plus	**(s') enrôler**: s'inscrire (à « la
tempête: (verbe) crie avec colère	confrérie »)

CHRYSALDE

 Je ne dis pas cela, car c'est ce que je blâme;   1280
 Mais, comme c'est le sort qui nous donne une femme,
 Je dis que l'on doit faire ainsi qu'au jeu de dés,°
 Où, s'il ne vous vient pas ce que vous demandez,
 Il faut jouer d'adresse, et d'une âme réduite,°
 Corriger le hasard par la bonne conduite.   1285

ARNOLPHE

 C'est-à-dire dormir, et manger toujours bien,
 Et se persuader que tout cela n'est rien.

CHRYSALDE

 Vous pensez vous moquer; mais, à ne vous rien feindre,°
 Dans le monde je vois cent choses plus à craindre
 Et dont je me ferais un bien plus grand malheur   1290
 Que de cet accident qui vous fait tant de peur.
 Pensez-vous qu'à choisir de deux choses prescrites,°
 Je n'aimasse pas mieux être ce que vous dites,
 Que de me voir mari de ces femmes de bien,°
 Dont la mauvaise humeur fait un procès° sur rien,   1295
 Ces dragons de vertu, ces honnêtes diablesses,
 Se retranchant toujours sur leurs sages prouesses,°
 Qui, pour un petit tort° qu'elles ne nous font pas,
 Prennent droit de traiter les gens de haut en bas,°
 Et veulent, sur le pied de° nous être fidèles,   1300
 Que nous soyons tenus à° tout endurer d'elles?
 Encore un coup, compère, apprenez qu'en effet
 Le cocuage n'est que ce que l'on le fait,
 Qu'on peut le souhaiter pour de certaines causes,
 Et qu'il a ses plaisirs comme les autres choses.   1305

---

jeu de dés: jeu qui utilise de petits
 cubes
réduite: *ici*, docile, soumise
feindre: *ici*, cacher, dissimuler
prescrites: imposées, fixées
femmes de bien: *ici*, vertueuses
 (mais en réalité des « diablesses »,
 v. 1296)
fait un procès: (ironique) va devant

un tribunal, porte plainte
prouesses: (ironique) actes de
 bravoure, exploits
tort: action erronée, faute
de haut en bas: avec un mépris
 hautain
sur le pied de: en proportion de
 (leur fidélité)
tenus à: obligés de

ARNOLPHE

> Si vous êtes d'humeur à vous en contenter,
> Quant à moi, ce n'est pas la mienne d'en tâter;°
> Et plutôt que subir° une telle aventure…

CHRYSALDE

> Mon Dieu! ne jurez point, de peur d'être parjure.°
> Si le sort l'a réglé, vos soins sont superflus,   1310
> Et l'on ne prendra pas votre avis là-dessus.

ARNOLPHE

> Moi, je serais cocu?

CHRYSALDE

>   Vous voilà bien malade!
> Mille gens le sont bien, sans vous faire bravade,°
> Qui de mine, de cœur, de biens et de maison,
> Ne feraient avec vous nulle comparaison.   1315

ARNOLPHE

> Et moi je n'en voudrais avec eux faire aucune.°
> Mais cette raillerie, en un mot, m'importune:
> Brisons là,[76] s'il vous plaît.

CHRYSALDE

>   Vous êtes en courroux.
> Nous en saurons la cause. Adieu. Souvenez-vous,
> Quoi que sur ce sujet votre honneur vous inspire,   1320
> Que c'est être à demi ce que l'on vient de dire,
> Que de vouloir jurer qu'on ne le sera pas.

ARNOLPHE

> Moi, je le jure encore, et je vais de ce pas
> Contre cet accident trouver un bon remède.

---

tâter: *ici*, essayer	**faire bravade:** faire affront
subir: supporter, endurer	**aucune:** *c'est-à-dire*, aucune
être parjure: faire faux serment	comparaison

---

76 *Brisons là.* Cessons d'en parler. Cette remarque, ainsi que le mot *raillerie* au vers précédent (v. 1317), indique qu'il ne faut pas prendre trop au sérieux les exhortations de Chrysalde; l'ami d'Arnolphe ironise sur les « avantages » d'être cocu.

Scène IX

ALAIN, GEORGETTE, ARNOLPHE

ARNOLPHE

Mes amis, c'est ici que j'implore votre aide.   1325
Je suis édifié° de votre affection;
Mais il faut qu'elle éclate en cette occasion;
Et si vous m'y servez selon ma confiance,
Vous êtes assurés de votre récompense.
L'homme que vous savez (n'en faites point de bruit)   1330
Veut, comme je l'ai su, m'attraper cette nuit,
Dans la chambre d'Agnès entrer par escalade;
Mais il lui faut nous trois dresser une embuscade.°
Je veux que vous preniez chacun un bon bâton,
Et, quand il sera près du dernier échelon   1335
(Car dans le temps qu'il faut j'ouvrirai la fenêtre),
Que tous deux, à l'envi,° vous me chargiez ce traître,
Mais d'un air dont° son dos garde le souvenir,
Et qui lui puisse apprendre à n'y plus revenir:
Sans me nommer pourtant en aucune manière,   1340
Ni faire aucun semblant que je serai derrière.
Aurez-vous bien l'esprit° de servir mon courroux?

ALAIN

S'il ne tient qu'à frapper, mon Dieu! tout est à nous:
Vous verrez, quand je bats, si j'y vais de main morte.°

GEORGETTE

La mienne,° quoique aux yeux elle semble moins forte,   1345
N'en quitte pas° sa part à le bien étriller.°

ARNOLPHE

Rentrez donc; et surtout gardez de babiller.°

édifié: renseigné, satisfait
embuscade: piège mis pour attaquer
  l'ennemi
à l'envi: l'un après l'autre
d'un air dont: de façon à ce que
l'esprit: *ici*, l'intention
si j'y vais de main morte: *c'est-à-dire*,

le contraire, « que je frapperai fort »
La mienne: *c'est-à-dire*, Ma main à
  moi
N'en quitte pas (à): Ne renoncera
  pas à
étriller: battre
babiller: bavarder

Voilà pour le prochain° une leçon utile;
Et si tous les maris qui sont en cette ville
De leurs femmes ainsi recevaient le galant,   1350
Le nombre des cocus ne serait pas si grand.

ACTE V

SCÈNE PREMIÈRE

> *ALAIN, GEORGETTE, ARNOLPHE*

ARNOLPHE

    Traîtres, qu'avez-vous fait par cette violence?

ALAIN

    Nous vous avons rendu, Monsieur, obéissance.

ARNOLPHE

    De cette excuse en vain vous voulez vous armer:
    L'ordre était de le battre, et non de l'assommer;   1355
    Et c'était sur le dos, et non pas sur la tête,
    Que j'avais commandé qu'on fît choir° la tempête.°
    Ciel! dans quel accident me jette ici le sort?
    Et que puis-je résoudre° à voir cet homme mort?
    Rentrez dans la maison, et gardez de rien dire   1360
    De cet ordre innocent° que j'ai pu vous prescrire.°
    Le jour° s'en va paraître, et je vais consulter
    Comment dans ce malheur je me dois comporter.
    Hélas! que deviendrai-je? et que dira le père,
    Lorsque inopinément° il saura cette affaire?   1365

---

le prochain: l'autre, autrui
choir: (vieilli) descendre, tomber
la tempête: *ici*, les coups
que puis-je résoudre: comment
   puis-je supporter

innocent: *ici*, qui ne visait pas à faire
   du mal
prescrire: ordonner
Le jour: *ici*, Le soleil (le jour qui
   arrive)
inopinément: par hasard,
   fortuitement

Scène **II**

> *Horace, Arnolphe*

HORACE

   Il faut que j'aille un peu reconnaître° qui c'est.

ARNOLPHE

   Eût-on jamais prévu… Qui va là, s'il vous plaît?

HORACE

   C'est vous, Seigneur Arnolphe?

ARNOLPHE

                                       Oui. Mais vous?…

HORACE

                                                      C'est Horace.
   Je m'en allais chez vous, vous prier d'une grâce.°
   Vous sortez bien matin!°

ARNOLPHE, *bas.*

                         Quelle confusion!   1370
   Est-ce un enchantement? est-ce une illusion?

HORACE

   J'étais, à dire vrai, dans une grande peine,
   Et je bénis du Ciel la bonté souveraine,
   Qui fait qu'à point nommé° je vous rencontre ainsi.
   Je viens vous avertir que tout a réussi,   1375
   Et même beaucoup plus que je n'eusse osé dire,
   Et par un incident qui devait tout détruire.
   Je ne sais point par où l'on a pu soupçonner
   Cette assignation° qu'on m'avait su donner;
   Mais étant sur le point d'atteindre à la fenêtre,   1380
   J'ai, contre mon espoir, vu quelques gens paraître,
   Qui, sur moi brusquement levant chacun le bras,
   M'ont fait manquer le pied° et tomber jusqu'en bas.

---

reconnaître: *ici*, voir   **à point nommé:** au moment voulu,
grâce: *ici*, faveur, service   à propos
bien matin: très tôt, de bonne heure **assignation:** rendez-vous clandestin
                                       manquer le pied: faire un faux pas

Et ma chute, aux dépens de quelque meurtrissure,°
De vingt coups de bâton m'a sauvé l'aventure.   1385
Ces gens-là, dont était, je pense, mon jaloux,
Ont imputé° ma chute à l'effort de leurs coups;
Et comme la douleur, un assez long espace,
M'a fait sans remuer demeurer sur la place,
Ils ont cru tout de bon qu'ils m'avaient assommé,   1390
Et chacun d'eux s'en est aussitôt alarmé.
J'entendais tout leur bruit dans le profond silence;
L'un l'autre ils s'accusaient de cette violence;
Et sans lumière aucune, en querellant le sort,°
Sont venus doucement tâter° si j'étais mort: 1395
Je vous laisse à penser si, dans la nuit obscure,
J'ai d'un vrai trépassé° su tenir la figure.
Ils se sont retirés avec beaucoup d'effroi;
Et comme je songeais à me retirer, moi,
De cette feinte° mort la jeune Agnès émue   1400
Avec empressement° est devers° moi venue;
Car les discours qu'entre eux ces gens avaient tenus
Jusques à son oreille étaient d'abord venus,
Et, pendant tout ce trouble étant moins observée,
Du logis aisément elle s'était sauvée;°   1405
Mais me trouvant sans mal,° elle a fait éclater
Un transport difficile à bien représenter.
Que vous dirai-je? enfin cette aimable personne
A suivi les conseils que son amour lui donne,
N'a plus voulu songer à retourner chez soi,   1410
Et de tout son destin s'est commise° à ma foi.
Considérez un peu, par ce trait d'innocence,
Où l'expose d'un fou la haute impertinence,°
Et quels fâcheux périls elle pourrait courir,°

---

meurtrissure: blessure légère, lésion
imputé: attribué
en querellant le sort: en reprochant
    la destinée
tâter: *ici*, me toucher pour savoir
un trépassé: un mort
feinte: fausse

empressement: hâte, urgence
devers: (vieilli) vers
sauvée: échappée
sans mal: sain et sauf, indemne
s'est commise: s'est engagée
impertinence: *ici*, absurdité
courir: *ici*, risquer

Si j'étais maintenant homme à la moins chérir.   1415
Mais d'un trop pur amour mon âme est embrasée;°
J'aimerais mieux mourir que l'avoir abusée;
Je lui vois des appas dignes d'un autre sort,
Et rien ne m'en saurait séparer que la mort.
Je prévois là-dessus l'emportement° d'un père;°   1420
Mais nous prendrons le temps d'apaiser sa colère.
À des charmes si doux je me laisse emporter,
Et dans la vie enfin il se faut contenter.
Ce que je veux de vous, sous un secret fidèle,
C'est que je puisse mettre en vos mains cette belle,   1425
Que dans votre maison, en faveur de mes feux,°
Vous lui donniez retraite° au moins un jour ou deux.
Outre qu'aux yeux du monde il faut cacher sa fuite,
Et qu'on en pourra faire une exacte° poursuite,
Vous savez qu'une fille aussi de sa façon   1430
Donne avec un jeune homme un étrange soupçon;
Et comme c'est à vous, sûr de votre prudence,
Que j'ai fait de mes feux entière confidence,
C'est à vous seul aussi, comme ami généreux,
Que je puis confier ce dépôt° amoureux.   1435

ARNOLPHE
Je suis, n'en doutez point, tout à votre service.

HORACE
Vous voulez bien me rendre un si charmant office?°

ARNOLPHE
Très volontiers, vous dis-je, et je me sens ravir
De cette occasion que j'ai de vous servir,
Je rends grâces au Ciel de ce qu'il me l'envoie,   1440
Et n'ai jamais rien fait avec si grande joie.

---

embrasée: allumée, échauffée	**retraite**: *ici*, abri, hébergement
emportement: colère	**exacte**: *ici*, intense
d'un père: *c'est-à-dire*, du père	**dépôt**: placement (*cf.* argent mis à la
d'Horace (Oronte)	banque)
en faveur de mes feux: pour aider	**office**: *ici*, service, faveur
mon amour	

HORACE

    Que je suis redevable à toutes vos bontés!
    J'avais de votre part craint des difficultés;
    Mais vous êtes du monde, et dans votre sagesse
    Vous savez excuser le feu de la jeunesse.   1445
    Un de mes gens la garde au coin de ce détour.

ARNOLPHE

    Mais comment ferons-nous? car il fait un peu jour;
    Si je la prends ici, l'on me verra peut-être;
    Et s'il faut que chez moi vous veniez à paraître,
    Des valets causeront. Pour jouer au plus sûr,   1450
    Il faut me l'amener dans un lieu plus obscur:
    Mon allée est commode,° [77] et je l'y vais attendre.

HORACE

    Ce sont précautions qu'il est fort bon de prendre.
    Pour moi, je ne ferai que vous la mettre en main,
    Et chez moi, sans éclat, je retourne soudain.   1455

ARNOLPHE, *seul.*

    Ah, fortune, ce trait d'aventure propice°
    Répare tous les maux que m'a faits ton caprice!

SCÈNE III

     AGNÈS, HORACE, ARNOLPHE

HORACE

    Ne soyez point en peine° où je vais vous mener:
    C'est un logement sûr que je vous fais donner.
    Vous loger avec moi, ce serait tout détruire: 1460
    Entrez dans cette porte, et laissez-vous conduire.

---

commode: large, ample   **en peine**: (vieilli) inquiète
propice: favorable, qui porte
  bonheur

---

77 *Mon allée est commode.* Il s'agit soit du sentier du jardin d'Arnolphe, soit de l'espace entre les bâtiments comprenant sa propriété, soit du corridor d'entrée de sa maison. À ne pas oublier que toute l'action de la pièce se déroule « dans une place de ville », avec « deux maisons sur le devant ».

Arnolphe lui prend la main sans qu'elle le reconnaisse.

AGNÈS

Pourquoi me quittez-vous?

HORACE

Chère Agnès, il le faut.

AGNÈS

Songez donc, je vous prie, à revenir bientôt.

HORACE

J'en suis assez pressé par ma flamme amoureuse.

AGNÈS

Quand je ne vous vois point, je ne suis point joyeuse.   1465

HORACE

Hors de votre présence on me voit triste aussi.

AGNÈS

Hélas! s'il était vrai, vous resteriez ici.

HORACE

Quoi! vous pourriez douter de mon amour extrême!

AGNÈS

Non, vous ne m'aimez pas autant que je vous aime.

Arnolphe la tire.

Ah! l'on me tire trop.

HORACE

C'est qu'il est dangereux,   1470
Chère Agnès, qu'en ce lieu nous soyons vus tous deux;
Et le parfait ami, de qui la main vous presse,
Suit le zèle° prudent qui pour nous l'intéresse.°

AGNÈS

Mais suivre un inconnu que…

HORACE

N'appréhendez rien:°

---

zèle: enthousiasme   **N'appréhendez rien**: N'ayez peur
qui pour nous l'intéresse: qui fait   de rien
   qu'il nous aide

Entre de telles mains vous ne serez que bien. 1475

AGNÈS

Je me trouverais mieux entre celles d'Horace.
Et j'aurais…

AGNÈS, *à Arnolphe qui la tire encore.*

Attendez.

HORACE

Adieu, le jour me chasse.

AGNÈS

Quand vous verrai-je donc?

HORACE

Bientôt. Assurément.

AGNÈS

Que je vais m'ennuyer jusques à ce moment!

HORACE

Grâce au Ciel, mon bonheur n'est plus en concurrence,° 1480
Et je puis maintenant dormir en assurance.°

Scène IV

ARNOLPHE, AGNÈS

ARNOLPHE, *le nez dans son manteau.*

Venez, ce n'est pas là que je vous logerai,
Et votre gîte° ailleurs est par moi préparé:
Je prétends en lieu sûr mettre votre personne.
Me connaissez-vous?

AGNÈS, *le reconnaissant.*

Hay!

---

en concurrence: exposé à la
compétition

en assurance: sans m'inquiéter
gîte: abri, cachette

ARNOLPHE

                    Mon visage, friponne,   1485
Dans cette occasion rend vos sens effrayés,°
Et c'est à contrecœur° qu'ici vous me voyez:
Je trouble en ses projets l'amour qui vous possède.

Agnès regarde si elle ne verra point Horace.

N'appelez point des yeux le galant à votre aide:
Il est trop éloigné pour vous donner secours.   1490
Ah! ah! si jeune encor, vous jouez de ces tours!
Votre simplicité, qui semble sans pareille,
Demande si l'on fait les enfants par l'oreille;
Et vous savez donner des rendez-vous la nuit,
Et pour suivre un galant vous évader° sans bruit!   1495
Tudieu!° comme avec lui votre langue cajole!°
Il faut qu'on vous ait mise à quelque bonne école.
Qui diantre tout d'un coup vous en a tant appris?
Vous ne craignez donc plus de trouver des esprits?°
Et ce galant, la nuit, vous a donc enhardie?°   1500
Ah! coquine,° en venir à° cette perfidie!°
Malgré tous mes bienfaits former un tel dessein!
Petit serpent que j'ai réchauffé dans mon sein,°
Et qui, dès qu'il se sent,° par une humeur ingrate,
Cherche à faire du mal à celui qui le flatte!° [78]   1505

AGNÈS

Pourquoi me criez-vous?

---

rend vos sens effrayés: fait peur à votre esprit	**vous a... enhardie**: vous a rendue courageuse
à contrecœur: à regret	**coquine**: (injure) ingrate, maligne
vous évader: vous échapper	**en venir à**: faire…enfin
Tudieu!: (juron) Vertudieu!	**perfidie**: trahison
cajole: *ici*, émet de belles paroles (le son d'un oiseau en cage)	**dans mon sein**: tout près de moi
esprits: *ici*, fantômes, spectres	**il se sent**: il reprend connaissance
	flatte: caresse

---

78 *Petit serpent... Cherche à faire du mal à celui qui le flatte.* Fait allusion au cliché bien connu de « réchauffer un serpent dans son sein » — et de ce qui s'ensuit dès que le serpent se réveille... (*cf.* « . . . how sharper than a serpent's tooth it is To have a thankless child! » (Shakespeare, *King Lear* [c1605])

ARNOLPHE

> J'ai grand tort,° en effet.

AGNÈS

> Je n'entends point de mal dans tout ce que j'ai fait.

ARNOLPHE

> Suivre un galant n'est pas une action infâme?

AGNÈS

> C'est un homme qui dit qu'il me veut pour sa femme;
> J'ai suivi vos leçons, et vous m'avez prêché   1510
> Qu'il se faut marier pour ôter le péché.

ARNOLPHE

> Oui, mais pour femme, moi, je prétendais vous prendre,
> Et je vous l'avais fait, me semble, assez entendre.

AGNÈS

> Oui. Mais, à vous parler franchement entre nous,
> Il est plus pour cela selon mon goût que vous.   1515
> Chez vous le mariage est fâcheux et pénible,
> Et vos discours en font une image terrible;
> Mais, las! il le fait, lui, si rempli° de plaisirs,
> Que de se marier il donne des désirs.

ARNOLPHE

> Ah! c'est que vous l'aimez, traîtresse.

AGNÈS

> Oui, je l'aime.   1520

ARNOLPHE

> Et vous avez le front° de le dire à moi-même!

AGNÈS

> Et pourquoi, s'il est vrai, ne le dirais-je pas?

ARNOLPHE

> Le deviez-vous aimer, impertinente?

J'ai grand tort: (ironique) N'ai-je   **le front**: *ici*, l'imprudence,
   pas tout à fait raison?   l'effronterie
rempli: plein

AGNÈS

                          Hélas!
Est-ce que j'en puis mais?° Lui seul en est la cause;
Et je n'y songeais pas lorsque se fit la chose.   1525

ARNOLPHE

Mais il fallait chasser cet amoureux désir.

AGNÈS

Le moyen de° chasser ce qui fait du plaisir?

ARNOLPHE

Et ne saviez-vous pas que c'était me déplaire?

AGNÈS

Moi? point du tout. Quel mal cela vous peut-il faire?

ARNOLPHE

Il est vrai, j'ai sujet° d'en être réjoui.   1530
Vous ne m'aimez donc pas, à ce compte?°

AGNÈS

                                    Vous?

ARNOLPHE

                                        Oui.

AGNÈS

Hélas! non.

ARNOLPHE

          Comment, non!

AGNÈS

                          Voulez-vous que je mente?

ARNOLPHE

Pourquoi ne m'aimer pas, Madame l'impudente?

AGNÈS

Mon Dieu! ce n'est pas moi que vous devez blâmer:
Que° ne vous êtes-vous, comme lui, fait aimer?   1535

Est-ce que j'en puis mais?:   **j'ai sujet**: (ironique) j'ai raison
   Comment puis-je faire autrement?   **à ce compte**: *ici*, d'après vous
   En suis-je coupable?   **Que**: *ici*, Pourquoi (ou Comment)
Le moyen de: *ici*, Comment puis-je

> Je ne vous en ai pas empêché, que je pense.

ARNOLPHE

> Je m'y suis efforcé de toute ma puissance;
> Mais les soins que j'ai pris, je les ai perdus tous.

AGNÈS

> Vraiment, il en sait donc là-dessus plus que vous;
> Car à se faire aimer il n'a point eu de peine. 1540

ARNOLPHE

> Voyez comme raisonne et répond la vilaine!
> Peste! une précieuse en dirait-elle plus?[79]
> Ah! je l'ai mal connue; ou, ma foi! là-dessus
> Une sotte en sait plus que le plus habile homme.[80]
> Puisqu'en raisonnement votre esprit se consomme, 1545
> La belle raisonneuse, est-ce qu'un si long temps,
> Je vous aurai pour lui nourrie° à mes dépens?

AGNÈS

> Non. Il vous rendra tout jusques au dernier double.°

ARNOLPHE

> Elle a de certains mots où mon dépit° redouble.
> Me rendra-t-il, coquine, avec tout son pouvoir, 1550
> Les obligations° que vous pouvez m'avoir?

AGNÈS

> Je ne vous en ai pas de si grandes qu'on pense.

ARNOLPHE

> N'est-ce rien que les soins d'élever votre enfance?

---

nourrie: élevé, éduquée	**dépit**: colère
double: petite monnaie de peu de valeur, sou	**Les obligations**: Ce que vous me devez

---

79 *une précieuse en dirait-elle plus? Voir* note 23.

80 *Une sotte en sait plus que le plus habile homme.* Arnolphe se rend enfin compte de la nature fondamentale et de l'évolution d'Agnès, ainsi que de la ruine de son projet orgueilleux.

AGNÈS

> Vous avez là-dedans bien opéré vraiment,[81]
> Et m'avez fait en tout instruire joliment!   1555
> Croit-on que je me flatte, et qu'enfin, dans ma tête,
> Je ne juge pas bien que je suis une bête?
> Moi-même, j'en ai honte; et, dans l'âge où je suis,
> Je ne veux plus passer pour sotte, si je puis.

ARNOLPHE

> Vous fuyez l'ignorance, et voulez, quoi qu'il coûte,   1560
> Apprendre du blondin quelque chose?

AGNÈS

>   Sans doute.
> C'est de lui que je sais ce que je puis savoir:
> Et beaucoup plus qu'à vous je pense lui devoir.

ARNOLPHE

> Je ne sais qui me tient qu'avec une gourmade°
> Ma main de ce discours ne venge la bravade.   1565
> J'enrage quand je vois sa piquante froideur,
> Et quelques coups de poing satisferaient mon cœur.

AGNÈS

> Hélas! vous le pouvez, si cela peut vous plaire.

ARNOLPHE

> Ce mot, et ce regard désarme° ma colère,
> Et produit un retour de tendresse de cœur,   1570
> Qui de son action m'efface° la noirceur.°
> Chose étrange d'aimer,[82] et que pour ces traîtresses
> Les hommes soient sujets à de telles faiblesses!
> Tout le monde connaît leur imperfection:

---

gourmade: gifle (coup de poing sur   **efface**: enlève, ôte
  le visage)   **noirceur**: mélancolie
désarme: affaiblit

---

81   *Vous avez là-dedans bien opéré vraiment.* Voir ci-dessus la lettre d'Agnès à Horace
    (suite du v. 947), où elle déclare: « Comme je commence à connaître qu'on m'a
    toujours tenue dans l'ignorance... »

82   *Chose étrange d'aimer.* On a souvent lu ces vers comme la surprenante révélation
    du véritable amour que porte Arnolphe envers Agnès, et que lui n'a pas jusqu'à
    ce point compris.

Ce n'est qu'extravagance et qu'indiscrétion;   1575
Leur esprit est méchant, et leur âme fragile;
Il n'est rien de plus faible et de plus imbécile,
Rien de plus infidèle: et malgré tout cela,
Dans le monde on fait tout pour ces animaux-là.
Hé bien! faisons la paix. Va, petite traîtresse,   1580
Je te pardonne tout et te rends ma tendresse.
Considère par-là° l'amour que j'ai pour toi,
Et me voyant si bon, en revanche aime-moi.

AGNÈS

Du meilleur de mon cœur je voudrais vous complaire:°
Que° me coûterait-il, si je le pouvais faire?   1585

ARNOLPHE

Mon pauvre petit bec,° tu le peux, si tu veux.

Il fait un soupir.

Écoute seulement ce soupir amoureux;
Vois ce regard mourant, contemple ma personne,
Et quitte ce morveux° et l'amour qu'il te donne.
C'est quelque sort° qu'il faut qu'il ait jeté sur toi,   1590
Et tu seras cent fois plus heureuse avec moi.
Ta forte passion est d'être brave et leste:°
Tu le seras toujours, va, je te le proteste.
Sans cesse, nuit et jour, je te caresserai,
Je te bouchonnerai,° baiserai, mangerai.
Tout comme tu voudras, tu pourras te conduire: 1595
Je ne m'explique point,[83] et cela c'est tout dire.

À part.

---

par-là: ainsi
vous complaire: me conformer à
  vous
Que: *ici*, Combien (la réponse en
  étant « beaucoup trop »)
pauvre petit bec: (terme de
  tendresse) jolie petite bouche

morveux: (populaire) jeune garçon,
  gamin
sort: *ici*, enchantement, sortilège
brave et leste: *ici*, élégante et bien
  habillée
bouchonnerai: (populaire) couvrirai
  de caresses

---

83 *Je ne m'explique point.* En apparence, Arnolphe semble avoir fait volte-face, en
  offrant à Agnès la liberté de vivre sa vie comme elle le voudrait — mais cela
  uniquement à condition qu'elle se marie avec lui.

Jusqu'où la passion peut-elle faire aller!
Enfin à mon amour rien ne peut s'égaler:
Quelle preuve veux-tu que je t'en donne, ingrate?   1600
Me veux-tu voir pleurer? veux-tu que je me batte?
Veux-tu que je m'arrache un côté de cheveux?
Veux-tu que je me tue? Oui, dis si tu le veux:
Je suis tout prêt, cruelle, à te prouver ma flamme.

AGNÈS

Tenez, tous vos discours ne me touchent point l'âme: 1605
Horace avec deux mots en ferait plus que vous.

ARNOLPHE

Ah! c'est trop me braver,° trop pousser mon courroux.
Je suivrai mon dessein, bête trop indocile.
Et vous dénicherez° à l'instant de la ville.
Vous rebutez° mes vœux et me mettez à bout;°   1610
Mais un cul° de couvent me vengera de tout.

Scène V

ALAIN, ARNOLPHE

ALAIN

Je ne sais ce que c'est, Monsieur, mais il me semble
Qu'Agnès et le corps mort s'en sont allés ensemble.

ARNOLPHE

La voici. Dans ma chambre allez me la nicher:°
Ce ne sera pas là qu'il la viendra chercher;   1615
Et puis c'est seulement pour une demie-heure:°
Je vais, pour lui donner une sûre demeure,
Trouver une voiture.[84] Enfermez-vous des mieux,°

braver: défier	**un cul**: *ici*, un fond (le lieu le plus
dénicherez: partirez	écarté)
rebutez: repoussez	**nicher**: placer
me mettez à bout: *ici*, m'irritez, me	**demie-heure**: *aujourd'hui*, demi-
réduisez à l'extrémité	heure
	des mieux: le mieux possible

---

84 *Trouver une voiture.* C'est-à-dire le véhicule qui emmènera Agnès loin, jusqu'au couvent. Cela indique d'ailleurs qu'Arnolphe ne possède pas une voiture à lui, qui serait toujours à sa disposition.

> Et surtout gardez-vous de la quitter des yeux.
> Peut-être que son âme, étant dépaysée,°   1620
> Pourra de cet amour être désabusée.°

Scène VI

> HORACE, ARNOLPHE

HORACE

> Ah! je viens vous trouver accablé° de douleur.
> Le Ciel, Seigneur Arnolphe, a conclu mon malheur;
> Et par un trait fatal d'une injustice extrême,
> On me veut arracher de la beauté que j'aime.   1625
> Pour arriver ici mon père a pris le frais;[85]
> J'ai trouvé qu'il mettait pied à terre° ici près;
> Et la cause, en un mot, d'une telle venue,
> Qui, comme je disais, ne m'était pas connue,
> C'est qu'il m'a marié sans m'en récrire° rien,   1630
> Et qu'il vient en ces lieux célébrer ce lien.
> Jugez, en prenant part à mon inquiétude,
> S'il pouvait m'arriver un contretemps° plus rude.
> Cet Enrique, dont hier je m'informais à vous,
> Cause tout le malheur dont je ressens les coups;   1635
> Il vient avec mon père achever ma ruine,
> Et c'est sa fille unique à qui l'on me destine.
> J'ai dès leurs premiers mots pensé m'évanouir;
> Et d'abord, sans vouloir plus longtemps les ouïr,
> Mon père ayant parlé de vous rendre visite,   1640
> L'esprit plein de frayeur° je l'ai devancé° vite.
> De grâce, gardez-vous de lui rien découvrir
> De mon engagement, qui le pourrait aigrir;

---

dépaysée: désorientée, perdue
désabusée: tirée de son erreur
accablé: écrasé, abattu
mettait pied à terre: descendait de voiture

récrire: écrire
contretemps: obstacle
frayeur: peur
devancé: précédé

---

85   *Pour arriver ici mon père a pris le frais.* Mon père (Oronte), qui arrive à l'instant, a voyagé toute la nuit.

Et tâchez, comme en vous il prend grande créance,°
De le dissuader de cette autre alliance.   1645

ARNOLPHE
Oui-da.

HORACE
                    Conseillez-lui de différer un peu,
Et rendez, en ami, ce service à mon feu.

ARNOLPHE
Je n'y manquerai pas.

HORACE
                                C'est en vous que j'espère.

ARNOLPHE
Fort bien.

HORACE
                    Et je vous tiens mon véritable père.
Dites-lui que mon âge… Ah! je le vois venir: 1650
Écoutez les raisons que je vous puis fournir.

                        Ils demeurent en un coin du théâtre.

SCÈNE VII

   ENRIQUE, ORONTE, CHRYSALDE, HORACE, ARNOLPHE

ENRIQUE, *à Chrysalde.*
Aussitôt qu'à mes yeux je vous ai vu paraître,
Quand on ne m'eût rien dit, j'aurais su vous connaître.
Je vous vois tous les traits de cette aimable sœur
Dont l'hymen autrefois m'avait fait possesseur;   1655
Et je serais heureux, si la Parque cruelle
M'eût laissé ramener cette épouse fidèle,[86]

---

prend... créance (en): croit (en)

---

86 *si la Parque cruelle M'eût laissé ramener cette épouse fidèle.* Enrique est veuf. Il est
le beau-frère de Chrysalde du fait de son mariage avec la sœur de Chrysalde. La
Parque, métaphoriquement, est le nom de la destinée qui décide de la vie et de la
mort. Elle dérive de la mythologie romaine et évoque les trois déesses des Enfers
qui filent et tranchent le fil des vies humaines.

Pour jouir avec moi des sensibles° douceurs
De revoir tous les siens après nos longs malheurs.
Mais puisque du destin la fatale puissance   1660
Nous prive pour jamais de° sa chère présence,
Tâchons de nous résoudre, et de nous contenter
Du seul fruit amoureux qu'il m'en est pu rester.[87]
Il vous touche de près; et sans votre suffrage,°
J'aurais tort de vouloir disposer de° ce gage.°   1665
Le choix du fils d'Oronte est glorieux de soi,
Mais il faut que ce choix vous plaise comme à moi.

CHRYSALDE

C'est de mon jugement avoir mauvaise estime,°
Que douter si j'approuve un choix si légitime.

ARNOLPHE, *à Horace.*

Oui, je vais vous servir de la bonne façon.   1670

HORACE

Gardez encore un coup°…

ARNOLPHE

                N'ayez aucun soupçon.

ORONTE, *à Arnolphe.*

Ah! que cette embrassade° est pleine de tendresse!

ARNOLPHE

Que je sens à vous voir une grande allégresse!

ORONTE

Je suis ici venu…

---

sensibles: *ici*, évidentes, connues	**ce gage**: *ici*, cet enfant
Nous prive... de: Nous enlève, Nous vole	**avoir mauvaise estime**: ne pas respecter
suffrage: *ici*, approbation, appui	**Gardez encore un coup**: Ne divulguez pas mon secret
disposer de (quelqu'un): en faire ce qu'on veut	**embrassade**: action de s'embrasser

---

87 *Du seul fruit amoureux qu'il m'en est pu rester.* Enrique et sa femme Angélique (la sœur de Chrysalde) ont eu un seul enfant.

ARNOLPHE

                    Sans m'en faire récit
Je sais ce qui vous mène.°

ORONTE

                             On vous l'a déjà dit.   1675

ARNOLPHE

    Oui.

ORONTE

       Tant mieux.

ARNOLPHE

                    Votre fils à cet hymen résiste,
Et son cœur prévenu° n'y voit rien que de triste;
Il m'a même prié de vous en détourner;°
Et moi, tout le conseil que je vous puis donner,
C'est de ne pas souffrir que ce nœud se diffère,   1680
Et de faire valoir° l'autorité de père.
Il faut avec vigueur ranger° les jeunes gens,
Et nous faisons contre eux° à leur être indulgents.

HORACE

    Ah! traître!

CHRYSALDE

               Si son cœur a quelque répugnance,
Je tiens qu'on ne doit pas lui faire violence.   1685
Mon frère, que je crois, sera de mon avis.

ARNOLPHE

    Quoi? se laissera-t-il gouverner par son fils?
Est-ce que vous voulez qu'un père ait la mollesse°
De ne savoir pas faire obéir la jeunesse?
Il serait beau vraiment qu'on le vît aujourd'hui   1690

---

mène: *ici*, amène
prévenu: *ici*, ayant décidé
   défavorablement
détourner: *ici*, dissuader
faire valoir: exercer, défendre

ranger: faire soumettre, remettre à
   leur place
faisons contre eux: agissons contre
   leur intérêt
mollesse: faiblesse, apathie

Prendre loi de° qui doit la recevoir de lui!
Non, non: c'est mon intime, et sa gloire est la mienne:
Sa parole est donnée, il faut qu'il la maintienne,
Qu'il fasse voir ici de fermes sentiments,
Et force de son fils tous les attachements.   1695

ORONTE

C'est parler comme il faut, et, dans cette alliance,
C'est moi qui vous réponds de son obéissance.

CHRYSALDE, *à Arnolphe.*

Je suis surpris, pour moi, du grand empressement
Que vous me faites voir pour cet engagement,
Et ne puis deviner quel motif vous inspire…   1700

ARNOLPHE

Je sais ce que je fais, et dis ce qu'il faut dire.

ORONTE

Oui, oui, Seigneur Arnolphe, il est…

CHRYSALDE

                                    Ce nom l'aigrit;
C'est Monsieur de la Souche, on vous l'a déjà dit.

ARNOLPHE

Il n'importe.

HORACE

                    Qu'entends-je?[88]

ARNOLPHE, *se retournant vers Horace.*

                        Oui, c'est là le mystère,
Et vous pouvez juger ce que je devais faire.   1705

HORACE

En quel trouble…

Prendre loi de: Être mené par

---

88 *Qu'entends-je?* Horace se rend enfin compte qu'Arnolphe, le vieil ami de son
père Oronte, est en réalité Monsieur de la Souche, le désagréable tuteur d'Agnès.
(*Voir* v. 328.) Notez qu'en ce moment, seuls Horace, Arnolphe et les spectateurs
comprennent ce malentendu.

Scène **VIII**

> *Georgette, Enrique, Oronte, Chrysalde,*
> *Horace, Arnolphe*

Georgette

                    Monsieur, si vous n'êtes auprès,
        Nous aurons de la peine à retenir Agnès;
        Elle veut à tous coups s'échapper, et peut-être
        Qu'elle se pourrait bien jeter par la fenêtre.

Arnolphe

        Faites-la-moi venir; aussi bien de ce pas   1710
        Prétends-je° l'emmener; ne vous en fâchez pas.
        Un bonheur continu rendrait l'homme superbe;°
        Et chacun a son tour, comme dit le proverbe.[89]

Horace

        Quels maux peuvent, ô Ciel! égaler mes ennuis!
        Et s'est-on jamais vu dans l'abîme° où je suis!   1715

Arnolphe, *à Oronte.*

        Pressez vite le jour de la cérémonie:
        J'y prends part, et déjà moi-même je m'en prie.°

Oronte

        C'est bien notre dessein.

Scène **IX**

> *Agnès, Alain, Georgette, Oronte, Enrique,*
> *Arnolphe, Horace, Chrysalde*

Arnolphe

                        Venez, belle, venez,
        Qu'on ne saurait tenir,° et qui vous mutinez.°

Prétends-je: *ici*, J'ai l'intention de	**je m'en prie**: je m'y invite
superbe: *ici*, trop orgueilleux	**tenir**: *ici*, retenir
abîme: trou profond; *ici*, perte, ruine	**vous mutinez**: vous vous rebellez

---

89 *Et chacun a son tour, comme dit le proverbe.* Ici c'est Arnolphe qui compte avoir
    « son tour ». (*cf.* "Every dog must have his day.")

Voici votre galant, à qui, pour récompense,   1720
Vous pouvez faire une humble et douce révérence.[90]
Adieu. L'événement trompe un peu vos souhaits;
Mais tous les amoureux ne sont pas satisfaits.

AGNÈS

Me laissez-vous, Horace, emmener de la sorte?

HORACE

Je ne sais où j'en suis, tant ma douleur est forte.   1725

ARNOLPHE

Allons, causeuse,° allons.

AGNÈS

                                        Je veux rester ici.

ORONTE

Dites-nous ce que c'est que ce mystère-ci.
Nous nous regardons tous, sans le pouvoir comprendre.

ARNOLPHE

Avec plus de loisir° je pourrai vous l'apprendre.
Jusqu'au revoir.[91]

ORONTE

                                Où donc prétendez-vous aller?   1730
Vous ne nous parlez point comme il nous faut parler.

ARNOLPHE

Je vous ai conseillé, malgré tout son murmure,°
D'achever l'hyménée.°

ORONTE

                                Oui, mais pour le conclure,
Si l'on vous a dit tout, ne vous a-t-on pas dit,
Que vous avez chez vous celle dont il s'agit,   1735

---

causeuse: bavarde, parleuse
plus de loisir: plus de temps
son murmure: ce qu'elle peut dire

l'hyménée: (vieilli) le mariage (*voir aussi*, « l'hymen », v. 616)

---

90 *Vous pouvez faire une humble et douce révérence. Voir* les vers 484-502, où les deux jeunes gens ont fait connaissance en échangeant de multiples révérences.

91 *Jusqu'au revoir.* Arnolphe a toujours l'intention de partir tout de suite emmener Agnès au couvent.

> La fille qu'autrefois de l'aimable Angélique,
> Sous des liens secrets eut le seigneur Enrique?
> Sur quoi votre discours était-il donc fondé?

CHRYSALDE

> Je m'étonnais aussi de voir son procédé.

ARNOLPHE

> Quoi?…

CHRYSALDE

> D'un hymen secret ma sœur eut une fille,   1740
> Dont on cacha le sort à toute la famille.

ORONTE

> Et qui sous de feints noms, pour ne rien découvrir,
> Par son époux aux champs fut donnée à nourrir.°

CHRYSALDE

> Et dans ce temps, le sort, lui déclarant la guerre,[92]
> L'obligea de sortir de sa natale terre.   1745

ORONTE

> Et d'aller essuyer° mille périls divers
> Dans ces lieux séparés de nous par tant de mers.

CHRYSALDE

> Où ses soins ont gagné ce que dans sa patrie°
> Avaient pu lui ravir° l'imposture° et l'envie.

ORONTE

> Et de retour en France, il a cherché d'abord,   1750
> Celle à qui de sa fille il confia le sort.

CHRYSALDE

> Et cette paysanne a dit avec franchise
> Qu'en vos mains à quatre ans elle l'avait remise.

---

nourrir: allaiter; élever   **ravir**: *ici*, voler
essuyer: *ici*, subir, supporter   **imposture**: tromperie, mensonge
sa patrie: sa terre natale

---

92 *le sort, lui déclarant la guerre.* Il y a quatorze ans, par la force des choses (les intrigues de certains ennemis), Enrique a perdu sa fortune et s'est trouvé obligé de fuir son pays.

ORONTE

    Et qu'elle l'avait fait, sur° votre charité,

    Par un accablement° d'extrême pauvreté.   1755

CHRYSALDE

    Et lui plein de transport, et l'allégresse en l'âme,

    A fait jusqu'en ces lieux conduire cette femme.

ORONTE

    Et vous allez enfin la voir venir ici,

    Pour rendre aux yeux de tous ce mystère éclairci.[93]

CHRYSALDE

    Je devine à peu près quel est votre supplice;°   1760

    Mais le sort en cela ne vous est que propice.

    Si n'être point cocu vous semble un si grand bien,

    Ne vous point marier en est le vrai moyen.

ARNOLPHE, *s'en allant tout transporté, et ne pouvant parler.*

    Oh!

ORONTE

        D'où vient qu'il s'enfuit sans rien dire?

HORACE

                         Ah! mon père,

    Vous saurez pleinement ce surprenant mystère.   1765

    Le hasard en ces lieux avait exécuté

    Ce que votre sagesse avait prémédité.

    J'étais par les doux nœuds d'une ardeur mutuelle

    Engagé de parole avecque° cette belle;

    Et c'est elle, en un mot, que vous venez chercher,   1770

    Et pour qui mon refus a pensé vous fâcher.°

---

sur: *ici*, en comptant sur	**Engagé de parole avecque**: Promis à
accablement: écrasement	**a pensé vous fâcher**: *ici*, vous a
supplice: tourment, peine	presque fâché; a failli vous fâcher

---

93 *Pour rendre... ce mystère éclairci.* Bien que nous ne voyions pas la paysanne sur la scène, la promesse de son témoignage rend plausible ce qu'affirment Oronte et Chrysalde sur l'identité d'Agnès.

ENRIQUE

    Je n'en ai point douté d'abord que° je l'ai vue,
    Et mon âme depuis n'a cessé d'être émue.
    Ah! ma fille, je cède à des transports si doux.

CHRYSALDE

    J'en ferais de bon cœur, mon frère, autant que vous,   1775
    Mais ces lieux et cela ne s'accommodent guère.
    Allons dans la maison débrouiller° ces mystères,
    Payer à notre ami ces soins officieux,° [94]
    Et rendre grâce au Ciel qui fait tout pour le mieux.

---

d'abord que: aussitôt que   **officieux**: serviables, obligeants
débrouiller: éclaircir, démêler

---

94 *Payer à notre ami ces soins officieux.* Arnolphe a fait vivre Agnès pendant treize
    ans. Pour qu'ils puissent être quittes envers lui et qu'Arnolphe n'ait rien à leur
    reprocher à l'avenir — Chrysalde, Oronte et Enrique proposent de régler ces
    frais d'entretien. Remarquez que la question d'argent joue toujours un rôle dans
    les comédies de Molière, tandis qu'elle est absente des tragédies classiques.

Activités

Mise en train

1. Pour vous, qu'est-ce que c'est qu'une comédie?

2. Pour vous, qu'est-ce que c'est qu'une tragédie?

3. Quelle différence voyez-vous entre une comédie et une tragédie? Peut-on créer un mélange des deux? Expliquez en donnant des exemples précis.

4. Comment une pièce de théâtre se distingue-t-elle d'un roman?

5. Comment appelle-t-on les différentes parties d'une pièce de théâtre?

6. Parlez d'une pièce de théâtre que vous avez vue récemment.

7. Avez-vous joué (comme acteur/actrice) dans une pièce de théâtre? Quels souvenirs gardez-vous de votre expérience?

8. Avez-vous vous-même écrit une pièce de théâtre ou une scène d'une pièce? Parlez un peu de votre expérience.

9. Avez-vous monté une pièce ou travaillé comme metteur en scène? Parlez un peu de votre expérience.

10. Selon vous, quelle est la différence entre voir une pièce au théâtre et voir un film au cinéma?

Épître

1. À qui *L'École des femmes* est-elle dédiée et pourquoi?

2. Pourquoi Molière trouve-t-il qu'il n'a pas la capacité d'écrire une dédicace pour l'ALTESSE ROYALE?

3. Faites une description de l'ALTESSE ROYALE selon Molière.

4. Quelle est la signification de la manière dont Molière termine sa dédicace à « VOTRE ALTESSE ROYALE » ?

Préface

1. Pourquoi Molière défend-il le succès de *L'École des femmes* dans sa préface ?

2. Qu'est-ce qu'on attend de Molière ? Et qui attend cela ?

3. À quoi Molière se réfère-t-il quand il parle de la *Critique* ?

4. Molière est-il fier de *L'École des femmes* ? Comment le savez-vous ? Justifiez votre réponse avec des exemples précis.

Choix multiple, Questions et Pistes d'exploration

Acte I, Scène Première

1. Chrysalde est d'avis qu'Arnolphe risque _____ en se mariant.

    A. d'être heureux
    B. d'être entouré par d'autres personnes qui se moqueront de lui
    C. de devenir riche
    D. Les trois réponses sont correctes

2. Arnolphe veut que sa femme ait toutes les caractéristiques suivantes sauf

    A. l'honnêteté
    B. l'intelligence
    C. la stupidité
    D. la laideur

3. Arnolphe est assez riche pour pouvoir choisir une femme qui

    A. veuille voyager autour du monde
    B. soit plus riche que lui
    C. dépende complètement de lui
    D. ait beaucoup de biens

4. Arnolphe a fait élever la jeune fille innocente selon sa politique

    A. à Paris
    B. dans une petite maison à la campagne
    C. chez lui
    D. dans un couvent

5. La jeune fille innocente pense que les enfants se font par

    A. l'oreille
    B. la bouche
    C. le nez
    D. l'œil

6. Arnolphe a quitté le vrai nom de son père car

    A. « de la Souche » est le nom de la terre où se trouve sa maison actuelle
    B. le son de « de la Souche » lui plaît énormément
    C. il veut faire plaisir à la jeune fille innocente
    D. il est fâché contre son père

Questions

1. Arnolphe pense que son mariage aura lieu le lendemain. Quels préparatifs a-t-il faits et quelles précautions a-t-il prises?

2. Quel est le thème du débat entre Arnolphe et Chrysalde? À votre avis, quels types de problèmes se produiront pour Arnolphe à l'avenir?

3. Pourquoi est-ce que le changement du nom d'Arnolphe est symbolique?

4. Selon Arnolphe, quel est le seul moyen d'avoir du succès dans la formation d'une jeune fille?

Pistes d'exploration

1. La bonne paysanne a donné la jeune fille innocente à l'âge de quatre ans à Arnolphe. Inventez un dialogue créatif entre Arnolphe et la bonne paysanne au moment où se déroule cette scène.

2. Arnolphe avait vingt-neuf ans quand il a adopté la jeune fille innocente avec l'objectif qu'elle devienne sa femme à l'avenir. Imaginez un dialogue entre les voisins d'Arnolphe, en supposant qu'ils sont au courant de ses intentions envers la jeune fille innocente.

Acte I, Scène II

1. Pourquoi enfin Alain et Georgette se dépêchent-ils pour aller ouvrir la porte à Arnolphe?

    A. Arnolphe menace de ne pas leur donner de quoi manger pendant quatre jours
    B. Georgette souffle le feu
    C. Alain empêche le chat de manger le moineau
    D. Arnolphe leur promet de l'argent de poche supplémentaire

2. Qu'est-ce qu'Alain n'a pas appris?

    A. Il faut laisser ouvrir la porte par Georgette
    B. Il faut ouvrir la porte avant que Georgette ne le fasse
    C. Il faut faire tomber le chapeau du maître
    D. Il ne faut pas porter son chapeau quand on parle avec son maître

Acte I, Scène III

3. Que porte Agnès, la jeune fille innocente, dans ses mains?

    A. Des oiseaux
    B. Des bijoux
    C. Des cornettes
    D. Des fleurs

4. Pendant la nuit, qu'est-ce qui a dérangé Agnès?

    A. Alain
    B. Des puces
    C. Georgette
    D. Des oiseaux

Questions

1. Agnès, Alain et Georgette semblent être tous les trois très simples—des nigauds. Ceci dit, qu'est-ce que cela veut dire en ce qui concerne le comportement d'Arnolphe et le déroulement de cette scène?

2. De quelle manière Agnès s'exprime-t-elle? Donnez des exemples précis. Arnolphe est-il content de sa manière de s'exprimer? Pourquoi ou pourquoi pas?

Acte I, Scène IV

1. Que fait Enrique?

   A. Il va en Amérique pour quatorze ans

   B. Après quatorze ans en Amérique, il rentre avec beaucoup d'argent

   C. Après quatorze ans en Amérique, il revient en France sans un sou

   D. Après quatorze ans en Amérique, il amène beaucoup d'armes en France

2. Qu'offre Arnolphe à Horace?

   A. Des armes

   B. Du vin

   C. De la nourriture

   D. De l'argent

3. Arnolphe apprend qu'Horace

   A. veut être le professeur d'Agnès

   B. est tombé amoureux d'Agnès

   C. veut aider Arnolphe à faciliter son mariage avec Agnès

   D. veut travailler pour Arnolphe afin de gagner plus d'argent

4. En changeant de nom, Arnolphe a créé une situation où

   A. il sait que d'autres personnes se moquent de lui

   B. il sait qu'Horace s'intéresse à Agnès

   C. il risque de perdre Agnès

   D. Les trois réponses sont correctes

5. Après le départ d'Horace, Arnolphe a l'intention de/d'

   A. faire le maximum pour tout savoir sur Horace et Agnès

   B. arrêter Horace dans sa poursuite auprès d'Agnès

   C. dévoiler le secret d'Horace

   D. dire à Horace que c'est lui Monsieur de la Souche

Questions

1. Pourquoi Arnolphe change-t-il de nom? Explorez plusieurs raisons pour lesquelles il fait ce changement et les conséquences qui en résulteraient probablement.

2. Arnolphe n'est pas honnête envers Horace. Il se présente comme le mentor d'Horace mais en réalité il ne l'est pas. Comment savons-nous qu'Arnolphe n'a pas l'intention d'aider Horace? Décrivez le comportement d'Arnolphe vis-à-vis d'Horace.

3. Nous, les lecteurs, savons qu'Arnolphe n'est pas honnête envers Horace et qu'il n'a pas l'intention de l'aider. Cependant, cette attitude ne va pas forcément aider les intérêts d'Arnolphe. Expliquez pourquoi.

Acte II, Scène Première

1. Arnolphe n'a pas pu trouver Horace pour continuer la discussion sur Agnès. Mais il décide que c'est mieux que/qu'

   A. il parle avec Oronte, le père d'Horace
   B. il demande des conseils à Chrysalde
   C. Horace reste ignorant de ses intentions
   D. il reparte en voyage

Acte II, Scène II

2. Arnolphe accuse Alain et Georgette d'avoir

   A. volé de l'argent
   B. permis à Horace d'entrer dans la maison
   C. assisté à un concert
   D. tué un chien

3. Arnolphe décide qu'il

   A. demandera la vérité à Agnès
   B. révélera à Agnès son intention de se marier avec elle
   C. devra renvoyer Alain et Georgette
   D. devra continuer à chercher Horace

Acte II, Scène III

4. Alain explique ce qu'est la jalousie à Georgette en faisant une comparaison avec

   A. un doigt
   B. un balai
   C. un couteau
   D. un potage

Acte II, Scène IV

5. Pour se calmer avant de parler avec Agnès, Arnolphe

   A. fait un tour de promenade
   B. prend un médicament
   C. répète l'alphabet
   D. récite sa leçon

Question

Quand Arnolphe parle avec Alain et Georgette, comment est-il? Décrivez comment il agit ainsi que la réaction d'Alain et de Georgette.

Piste d'exploration

Si vous étiez Arnolphe, que feriez-vous dans les mêmes circonstances?

Acte II, Scène V

1. Agnès et Horace se font une révérence l'un à l'autre. Agnès la fait car

   A. elle s'ennuie
   B. elle pense que c'est un bon jeu amusant
   C. elle veut être aussi bien élevée qu'Horace
   D. elle veut qu'Arnolphe soit fier d'elle

2. Au début, Agnès accepte les visites d'Horace car

   A. elle a envie de mieux le connaître
   B. elle pense qu'elle l'a blessé
   C. elle a besoin de parler de ses ennuis avec quelqu'un
   D. il a besoin de son aide à propos de la vieille

3. Horace a donné un baiser à Agnès, sur

   A. la bouche
   B. les mains
   C. les bras
   D. les mains et les bras

4. Qu'est-ce qu'Horace a pris à Agnès?

   A. Son ruban
   B. Sa cassette
   C. Sa coiffe
   D. Sa bague

5. Agnès se trompe en pensant qu'Arnolphe veut qu'elle se marie avec

   A. Alain
   B. Arnolphe
   C. Horace
   D. Chrysalde

6. Agnès est obligée d'obéir à tout ce que veut Arnolphe. Arnolphe saura si Agnès obéit car

   A. il a un témoin
   B. il l'observe de l'angle de la rue
   C. la vieille l'observe
   D. il a de l'argent

Questions

1. À votre avis, pourquoi est-ce qu'Arnolphe ne mérite pas l'amour d'Agnès?

2. Arnolphe veut savoir la vérité. Décrivez sa façon d'interroger Agnès.

3. Décrivez le comportement d'Agnès quand Arnolphe l'interroge. Quel est l'avantage de son comportement?

4. Arnolphe réussit-il à obtenir ce qu'il veut d'Agnès par cette interrogation? Pourquoi ou pourquoi pas?

Pistes d'exploration

1. En dépit de sa jalousie et de sa rage, Arnolphe comprend que c'est l'innocence d'Agnès qui est la cause de ses problèmes actuels. Expliquez comment cela s'est passé.

2. Écrivez un journal du point de vue d'Agnès jusqu'à ce moment dans la pièce (ou bien, un journal du point de vue d'Horace, d'Arnolphe, d'Alain, de Georgette ou de Chrysalde).

Acte III, Scène Première

1. Arnolphe décrit Horace de toutes les manières suivantes sauf

    A. beaux canons, force rubans et plumes
    B. grands cheveux, belles dents et des propos forts
    C. un vrai Satan
    D. un blondin séducteur

Acte III, Scène II

2. Selon Arnolphe, le rang de femme engage à d'austères devoirs. Elle

    A est dépendante de son mari
    B. est égale à son mari
    C. doit regarder son mari en face
    D. est le chef de son mari

3. Selon Arnolphe, la chose la plus importante qu'il offre à Agnès en se mariant avec elle est

    A. son argent
    B. une place dans une famille bourgeoise
    C. l'honneur d'Arnolphe
    D. ses maximes

Acte III, Scène III

4. Selon Arnolphe, comment une femme habile est-elle différente d'une jeune fille innocente?

   A. Elle regrette ses crimes
   B. Elle est vertueuse
   C. Elle obéit aux maximes du mari
   D. Elle rejette les maximes du mari

Questions

1. Arnolphe donne trois types d'injonctions à Agnès pour qu'elle puisse devenir sa femme. Expliquez-les. D'où vient le raisonnement pour chacune?

2. Quelle est la réaction d'Agnès à ces injonctions?

3. Faites une analyse des dix maximes. Lesquelles vous semblent raisonnables? Lesquelles ne vous semblent pas raisonnables? Forment-elles une liste de devoirs ou d'interdictions? Expliquez pourquoi en tenant compte des différences entre notre société et celle de Molière.

4. Quelle est l'intention d'Arnolphe en donnant à lire à Agnès les dix maximes?

Pistes d'exploration

1. Imaginez que vous êtes Agnès. Écrivez votre réaction aux dix maximes.

2. Écrivez dix maximes pour un futur mari ou une future femme de notre époque.

3. Faites un portrait détaillé (par écrit ou graphique) du personnage d'Agnès, telle que vous l'imaginez dans la scène des maximes (Acte III, Sc. II). Quels vêtements porte-t-elle? Montrez ses gestes, son attitude et sa posture vis-à-vis d'Arnolphe.

Acte III, Scène IV

1. Horace se rend compte que le patron d'Agnès ne lui permet pas de la voir. Pourquoi Horace n'est-il pas tout à fait désespéré?

   A. Le patron s'en ira bientôt à la campagne
   B. La servante l'aidera à rendre une visite à Agnès
   C. Agnès lui a jeté un caillou avec un billet doux
   D. Agnès lui a promis de s'enfuir avec lui

2. En parlant avec Horace, qu'apprend Arnolphe?

   A. Sa servante et son valet lui ont obéi
   B. Agnès aime Horace
   C. Horace ne sait pas qu'Arnolphe est le patron d'Agnès
   D. Les trois réponses sont correctes

3. Selon Horace, qu'est-ce qui a amené Agnès à lui écrire une lettre?

   A. Son amour pour lui
   B. Son amour pour son patron
   C. Sa peur de lui
   D. Sa peur de son patron

4. Horace demande à Arnolphe

   A. s'il peut donner une lettre à Agnès de sa part
   B. s'il peut dire à Agnès qu'elle n'a rien fait de grave en l'aimant
   C. s'il connaît quelqu'un qui a accès à la maison où habite Agnès
   D. s'il peut lui prêter plus d'argent

5. Qu'est-ce qui est arrivé à la vieille?

   A. Elle a déménagé
   B. Elle est morte
   C. Elle travaille pour Arnolphe et, par conséquent, elle ne peut plus parler avec Horace
   D. Elle est devenue folle

Acte III, Scène V

6. Qu'est-ce qu'Arnolphe a la plus grande peur de perdre?
    A. L'amour d'Agnès
    B. Le respect de Horace
    C. Son honneur
    D. Sa maison

Questions

1. Dans cet acte, pourquoi Arnolphe souffre-t-il? Donnez des détails précis.

2. Quelle est la réaction d'Arnolphe en face d'Horace quand Horace lit la lettre d'Agnès? Comment est-ce qu'il réagit après le départ d'Horace?

Pistes d'exploration

1. Faites une analyse de la lettre d'Agnès à Horace. Qu'est-ce qui indique qu'elle aime Horace? De quoi a-t-elle peur et pourquoi? À votre avis, y a-t-il quelque chose de surprenant ou de choquant dans sa lettre?

2. Écrivez la réponse d'Horace à la lettre d'Agnès.

Acte IV, Scène Première

1. En ce qui concerne la douleur d'Arnolphe, Agnès
    A. est au courant
    B. s'inquiète beaucoup
    C. n'en a aucune idée
    D. est heureuse

Acte IV, Scène II

2. Pour dresser un contrat de mariage, normalement le futur mari doit payer à la future femme _____ pour cent de la dot.
    A. cent
    B. cinquante
    C. trente-trois
    D. vingt-cinq

Acte IV, Scène III

3. Le notaire pense qu'Arnolphe est

   A. très intelligent
   B. complètement fou
   C. assez sage
   D. perspicace

Questions

1. Dans la scène avec le notaire (v. 1039-1091), trouvez-vous que le comportement d'Arnolphe ait changé depuis le début de la pièce? Si oui, comment a-t-il changé?

2. À quels indices peut-on voir qu'Arnolphe commence à perdre le contrôle de son projet de se marier avec Agnès?

Piste d'exploration

Choisissez un autre pays ou une autre culture que la vôtre, et faites des recherches sur les coutumes suivantes: *la dot* (de la mariée), *les biens* (que le marié apporte au ménage) et *le contrat de mariage*. Est-ce que ces coutumes existent encore aujourd'hui en Amérique du Nord? Si oui, sous quelle forme?

Acte IV, Scène IV

1. Arnolphe ordonne à Alain et à Georgette de rejeter les efforts d'Horace pour entrer dans la maison. Leur seule erreur est

   A. d'accepter l'argent d'Arnolphe
   B. de refuser l'argent d'Arnolphe
   C. d'employer du mauvais vocabulaire
   D. de ne pas avoir poussé Arnolphe

Acte IV, Scène V

2. Qui est-ce qu'Arnolphe va embaucher comme espion?
    A. Une vendeuse de ruban
    B. Une coiffeuse
    C. Un savetier
    D. Tous les trois

Acte IV, Scène VI

3. Ce soir-là, pour entrer chez Agnès, comment est-ce qu'Horace lui signalera que ce sera lui à la fenêtre?
    A. Il frappera trois fois
    B. Il chantera trois fois
    C. Il dira trois fois son nom
    D. Il toussera trois fois

Acte IV, Scène VII

Questions

1. Pendant vingt ans, Arnolphe a réfléchi pour se préparer à ce mariage. Où et comment s'est-il trompé finalement?

2. Agnès n'est pas aussi nigaude qu'on aurait pensé. Qu'est-ce qui montre qu'elle a la capacité de se défendre?

Acte IV, Scène VIII

1. Chrysalde parle ici de l'honneur. Selon lui, lequel parmi les choix suivants n'est PAS contraire à l'honneur?
    A. Être avare et brutal
    B. Être cocu
    C. Être méchant et lâche
    D. Être fourbe

Acte IV, Scène IX

2. Comment Arnolphe compte-t-il empêcher l'entrée d'Horace dans la chambre d'Agnès?

   A. Il va fermer les fenêtres
   B. Il va le frapper avec un bâton
   C. Il va demander à Alain et à Georgette de frapper Horace avec un bâton
   D. Il va casser l'échelle

Questions

1. Pourquoi Chrysalde conseille-t-il à Arnolphe de ne pas jurer?
2. Que pense Chrysalde d'Arnolphe (v. 1216-1324)?

Acte V, Scène Première

1. Où est-ce qu'Horace a été battu?

   A. Au dos
   B. Aux mains
   C. À la tête
   D. Aux bras

2. De qui Arnolphe a-t-il peur?

   A. D'Oronte
   B. De Chrysalde
   C. D'Alain
   D. D'Enrique

Acte V, Scène II

3. Où est-ce qu'Horace amènera Agnès pour retrouver Arnolphe?

   A. Chez Arnolphe
   B. Au coin de la rue
   C. Dans l'allée d'Arnolphe
   D. Dans le centre-ville

Acte V, Scène III

4. Agnès soupçonne qu'

    A. Arnolphe est celui qui est en train de la pousser

    B. elle aime Horace plus qu'il ne l'aime

    C. Horace l'aime plus qu'elle ne l'aime

    D. ils s'aiment tous les deux également

Questions

1. Où est l'ironie quand Horace demande à Arnolphe de donner un refuge, un logement sûr, à Agnès à l'abri de son patron horriblement jaloux?

2. Décrivez comment Horace a échappé à Alain et à Georgette.

Acte V, Scène IV

1. De quoi Agnès a-t-elle honte?

    A. D'être paysanne

    B. D'être sotte

    C. D'être petite

    D. D'être pauvre

2. Agnès n'accepte pas l'amour d'Arnolphe. Donc, pour la punir où Arnolphe a-t-il l'intention de la mettre?

    A. En prison

    B. Dans une tour isolée de sa maison

    C. Dans une église

    D. Dans le lieu le plus enfermé d'un couvent

Acte V, Scène V

3. Arnolphe veut qu'Alain cache Agnès provisoirement

    A. dans l'allée d'Arnolphe

    B. au coin de la rue

    C. dans la chambre d'Alain

    D. dans la chambre d'Arnolphe

Acte V, Scène VI

4. Horace est bouleversé car son père, Oronte, a organisé son mariage avec

    A. la vieille
    B. Georgette
    C. la sœur d'Enrique
    D. la fille d'Enrique

Questions

1. Pourquoi Agnès n'aime-t-elle pas Arnolphe? Qu'est-ce qu'il n'a pas fait (à l'opposé de ce qu'Horace a fait)?

2. Expliquez jusqu'à quel point Arnolphe ferait n'importe quoi pour gagner et garder l'amour d'Agnès. Montre-t-il ici ses vraies émotions? Ou bien est-ce que ses actions font partie de sa crainte obsessionnelle d'être un mari cocu?

3. En ce qui concerne son idée de l'amour et du mariage, croyez-vous qu'Arnolphe ait changé à la suite de cette expérience?

Acte V, Scène VII

1. Enrique est veuf. Sa femme était

    A. la sœur de Chrysalde
    B. la sœur d'Arnolphe
    C. la sœur d'Oronte
    D. la sœur d'Horace

Acte V, Scène VIII

2. Georgette a peur qu'Agnès

    A. ne la frappe avec un bâton
    B. ne se tue
    C. ne se jette par la fenêtre
    D. ne s'enfuie avec Alain

Acte V, Scène IX

3. Qui sera le témoin du fait qu'Enrique est le père d'Agnès?

   A. Chrysalde
   B. Oronte
   C. La pauvre paysanne
   D. Le notaire

4. Comme Arnolphe craint profondément d'être cocu, Chrysalde lui conseille de ne jamais

   A. avoir d'enfant
   B. se marier
   C. avoir de servante
   D. voyager

Questions

1. Comment est-ce qu'Arnolphe a trahi Horace?

2. Selon Arnolphe, un père doit exercer son autorité. Comment justifie-t-il ce point de vue?

3. Pourquoi Chrysalde et Horace s'étonnent-ils du comportement d'Arnolphe? Expliquez en donnant des exemples précis.

4. Expliquez comment Agnès, la fille d'Enrique, est passée sous la responsabilité d'Arnolphe pendant l'absence de son père.

5. En ce qui concerne l'idée de mariage, qu'est-ce qu'Arnolphe ne comprend pas?

Pistes d'exploration

1. Écrivez un monologue du point de vue d'Arnolphe à la fin de la pièce.

2. Imaginez ce qu'Enrique a fait en Amérique pendant quatorze ans (1648-1662?). Dans quelles parties du continent a-t-il voyagé? Qu'est-ce qu'il a vu? Comment a-t-il accumulé sa fortune?

Essais/Discussions

1. Quelle intention Molière avait-il en donnant le titre *L'École des femmes* à cette pièce? Quelles en sont les significations?

2. À l'époque de Molière, en assistant à une de ses pièces, qu'est ce qui faisait rire les gens, et qu'est-ce qui les faisait réfléchir? Est-ce que tout le monde attendait la même chose d'une pièce de théâtre? Justifiez votre réponse en donnant des exemples précis.

3. Quels rôles jouent *la chance* et *le destin* dans *L'École des femmes*? Comment dirigent-ils le déroulement de la pièce? Quelle différence existe-t-il entre ces deux termes?

4. Avant d'échouer dans son projet d'épouser Agnès, Arnolphe s'est toujours moqué des maris qui sont cocus, sa crainte obsessionnelle. Expliquez où est l'ironie de cette situation en donnant des justifications précises.

5. Au début de la pièce (v. 124-142), Arnolphe dit que « chacun a sa méthode » pour former sa femme. Faites une analyse de sa méthode pédagogique en montrant où se trouvent les problèmes.

6. *Être jaloux* peut se définir de deux manières: qui éprouve de la jalousie en amour ou bien qui éprouve du dépit devant les avantages des autres. En tenant compte de ces deux définitions, quels sont les effets de la jalousie sur Arnolphe? Sur Agnès? Sur les domestiques? Sur Horace?

7. Il est sûr qu'Arnolphe serait jaloux de l'homme dont Agnès pourrait éventuellement tomber amoureuse. Mais Arnolphe est de nature jalouse. Explorez d'autres exemples de la jalousie d'Arnolphe, comiques ou tragiques, qui se présentent dans *L'École des femmes*.

8. *L'École des femmes* est une comédie où *le péché* est étroitement lié au plaisir. Pour vous, qu'est-ce que c'est que le péché? Qu'est-ce que c'est pour la religion? Pour Arnolphe? Pour la société, en général? Citez-en des exemples précis et expliquez-en les conséquences.

9. Qu'est-ce qui montre qu'Arnolphe ne comprend pas l'univers des femmes?

10. Arnolphe ne comprend pas l'univers des femmes. Connaissez-vous un personnage féminin littéraire qui ne comprenne pas l'univers des hommes? Ne vous limitez pas à *L'École des femmes*.

11. Connaissez-vous un personnage comparable à Arnolphe qui joue un rôle dans une pièce contemporaine ou récente? Ou dans un film contemporain ou récent? Décrivez les circonstances similaires ainsi que celles qui sont différentes.

12. Quelle est la morale de cette pièce? Qu'avez-vous appris personnellement? Après l'avoir lue, avez-vous changé d'avis sur certaines choses? Pourquoi ou pourquoi pas?

13. À votre avis, Molière, en écrivant *L'École des femmes*, a-t-il écrit une pièce féministe? Pourquoi ou pourquoi pas?

14. Définissez *l'hypocrisie*. Discutez du thème de l'hypocrisie dans *L'École des femmes*. Pour le bien ou pour le mal, quel effet a-t-elle sur les personnages? Comment dirige-t-elle le déroulement de la pièce?

15. Définissez *la jalousie*. Discutez du thème de la jalousie dans *L'École des femmes*. Pour le bien ou pour le mal, quel effet a-t-elle sur les personnages? Comment dirige-t-elle le déroulement de la pièce?

16. *L'École des femmes* est une comédie. On dit pourtant que Molière réussit à l'élever au niveau humain de la tragédie. Explorez comment il le fait. Pour qui est-elle une comédie, et pour qui est-elle une tragédie?

17. Est-ce que l'on peut prévoir la fin de *L'École des femmes*?

18. Est-ce que la fin de *L'École des femmes* est ironique? Expliquez comment en donnant une définition de *l'ironie*.

19. À la fin de *L'École des femmes*, Agnès est-elle devenue intelligente? Est-ce qu'elle a pris conscience de sa situation? Est-ce que c'était un travail lent ou rapide? Est-elle enfin devenue elle-même? Croyez-vous qu'Horace essaie de la faire changer à l'avenir?

20. Quel rôle Chrysalde joue-t-il dans *L'École des femmes*? C'est lui qui ouvre et qui ferme la pièce. Représente-t-il la voix de la raison? Si oui, comment le fait-il?

21. Dans *L'École des femmes*, Arnolphe a peur d'être cocu, comme d'autres maris de cette époque. Selon vous, de quoi les femmes ont-elles peur?

22. En 1661, une année avant la parution de *L'École des femmes*, Molière a écrit *L'École des maris*. Pourquoi croyez-vous que Molière ait eu besoin d'écrire deux pièces avec des titres si similaires? À votre avis, sans avoir lu la pièce, quel est le sujet principal de *L'École des maris*?

Tremplins: Pour aller plus loin

1. *L'École des femmes* est une comédie du dix-septième siècle. Comparez-la avec une comédie du vingt-et-unième siècle. Y a-t-il, par exemple, un personnage similaire à Arnolphe ou à Agnes?

2. Que pensez-vous des mariages arrangés? Croyez-vous que les parents savent toujours ce qui est le mieux pour leurs enfants?

3. Ajoutez une scène ou deux à la fin de *L'École des femmes*. Qu'est-ce qui se passe? Le véritable amour pour Agnès et Horace? Une crise de nerfs pour Arnolphe?

4. Si vous pouviez monter *L'École des femmes*, quels acteurs et quelles actrices connus choisiriez-vous pour les rôles principaux? Justifiez vos choix.

5. Choisissez une scène de *L'École des femmes* et récrivez-la afin qu'elle se déroule au vingt-et-unième siècle. Ensuite, jouez-la.

6. Choisissez une scène de *L'École des femmes* et récrivez-la afin qu'elle se présente du point de vue d'un personnage autre qu'Arnolphe. Ensuite, jouez-la.

7. Écrivez une pièce, ou une scène d'une pièce, dans le style de Molière. Ensuite, jouez-la. N'oubliez pas d'incorporer des éléments de la dramaturgie classique du dix-septième siècle, l'époque de Louis XIV.

8. Lisez *La Critique de l'École des femmes* de Molière. Quelle est la signification de cette critique (sous forme dramatique) par rapport à *L'École des femmes*? Et sa signification par rapport à la carrière de Molière? Pourquoi croyez-vous que Molière ait eu besoin d'écrire *La Critique de l'École des femmes*?

9. Lisez *Le Tartuffe*, *Le Misanthrope* ou *L'Avare* de Molière. Ou, si possible, allez voir une de ces trois pièces au théâtre ou regardez-en une version cinématographique. Ensuite, faites une comparaison entre une de ces trois pièces et *L'École des femmes*. Y a-t-il des similarités ou des différences en ce qui concerne le comportement des personnages ou le déroulement de la pièce en entier ou d'une scène particulière? Quels thèmes ces pièces ont-elles en commun?

10. Connaissez-vous d'autres pièces, d'autres films ou d'autres chefs-d'œuvre qui ont donné naissance à des controverses importantes? Pourquoi étaient-ils controversés? Qu'est-ce que cela veut dire à propos de la période où ils ont été créés?

11. Regardez les films des comédies musicales *My Fair Lady* et/ou *Gigi*. Comparez les jeunes protagonistes de ces films avec Agnès.

12. Lisez la traduction en anglais de *L'École des femmes* par Richard Wilbur, un célèbre poète américain. À votre avis, est-ce que cette traduction est fidèle à la version originale? Pourquoi ou pourquoi pas?

13. Faites des recherches sur la *commedia dell'arte* italienne. Donnez-en une brève histoire, discutez de ses caractéristiques et parlez de son influence. Où la voyez-vous dans *L'École des femmes*? Cette tradition existe-t-elle encore aujourd'hui? Si oui, où pouvons-nous la déceler?

Réponses aux questions à choix multiple

Acte I, Scène Première
    1. B, 2. B, 3. C, 4. D, 5. A, 6. B.
Acte I, Scènes II & III
    1. A, 2. D, 3. C, 4. B.
Acte I, Scène IV
    1. B, 2. D, 3. B, 4. D, 5, A.
Acte II, Scène Première, Scènes II, III & IV
    1. C, 2. B, 3. A. 4. D, 5. C.
Acte II, Scène V
    1. C, 2. B, 3. D, 4. A, 5. C, 6. B.
Acte III, Scène Première, Scènes II & III
    1. B, 2. A, 3. C, 4. D.
Acte III, Scènes IV & V
    1. C, 2. D, 3. A, 4. C, 5. B, 6. C.
Acte IV, Scène Première, Scènes II & III
    1. C, 2. C, 3. B.
Acte IV, Scènes IV, V, VI & VII
    1. A, 2. C, 3. D.
Acte IV, Scènes VIII & IX
    1. B, 2. C.
Acte V, Scène Première, Scènes II & III
    1. C, 2. A, 3. C, 4. B.
Acte V, Scènes IV, V & VI
    1. B, 2. D, 3. D, 4. D.
Acte V, Scènes VII, VIII & IX
    1. A, 2. C, 3. C, 4. B.

Bibliographie

1. Éditions de référence de l'œuvre de Molière

Couton, Georges, ed. *Molière, Œuvres complètes*. Paris: Gallimard, Coll. Bibliothèque de la Pléiade, 1971. Tomes I-II. Tome I: *L'École des femmes*, pp. 541-626.

Despois, Eugène, ed. *Œuvres de Molière*. Paris: Hachette, Coll. Les Grands Écrivains de la France,1873-1900. Tomes I-XIV. Tome III: *L'École des femmes*, pp. 105-279.

2. Pièces choisies de Molière

Les Précieuses ridicules (1659)
L'École des maris (1661)
L'École des femmes (1662)
La Critique de L'École des femmes (1663)
L'Impromptu de Versailles (1663)
Le Tartuffe ou l'imposteur (1664)
Dom Juan ou le festin de pierre (1665)
Le Misanthrope (1666)
Le Médecin malgré lui (1666)
L'Avare (1668)
Le Bourgeois Gentilhomme (1670)
Les Fourberies de Scapin (1671)
Les Femmes savantes (1672)
Le Malade imaginaire (1673)

3. Une sélection de livres et d'articles sur Molière et son œuvre

Broome, J.H. *Molière, L'École des femmes and Le Misanthrope*. London: Grant and Cutler, 1982.

Chevalley, Sylvie. *Molière en son temps*. Paris/Genève: Minkoff, 1973.

Duchêne, Roger. *Molière*. Paris: Fayard, 1998.

Forestier, Georges. *Molière en toutes lettres*. Paris: Bordas, 1990.

Gaines, James F. *The Molière Encyclopedia*. London; Westport, CT: Greenwood Press, 2002.

Guicharnaud, Jacques, ed. *Molière, A Collection of Critical Essays.* Englewood Cliffs (NJ): Prentice-Hall, 1964.

Johnson, Barbara. "Teaching Ignorance: *L'École des femmes*". *Yale French Studies*, no. 63 (1982): 165-182.

Labbé, Dominique. *Corneille dans l'ombre de Molière: histoire d'une découverte.* Paris: Les Impressions nouvelles, 2003.

Laubreaux, Raymond. *Molière.* Paris: Seghers, 1973. Coll. Théâtre de tous les temps.

Lawrence, Francis L. *Molière: The Comedy of Unreason.* New Orleans: Tulane Studies in Romance Languages and Literature, No. 2, 1968. Chapter IX, "A Triple Defeat."

McCarthy, Gerry. *The Theatres of Molière.* London, N.Y.: Routledge, 2002.

Mongrédien, Georges. *Recueil des textes et des documents du XVIIe siècle relatifs à Molière.* Paris: CNRS, 1965. Deux tomes.

Scott, Virginia. *Molière, A Theatrical Life.* Cambridge (UK): Cambridge University Press, 2000.

Walker, Hallam. *Molière, Updated Edition.* Boston: Twayne Publishers, 1990.

4. Une sélection d'ouvrages généraux

Adam, Antoine. *Histoire de la littérature française au XVIIe siècle, Tome III.* Paris: Del Duca, Éditions mondiales, 1962.

Bénac, Henri. *Guide des idées littéraires.* Paris: Hachette Éducation, 1988.

_____. *Histoire de la littérature française.* Paris: Hachette Éducation, 1992.

Bénichou, Paul. *Morales du grand siècle.* Paris: Gallimard, 1948.

Berg, R.-J. *Littérature française: Textes et contextes, Tome I.* Hoboken (NJ): John Wiley and Sons, 1994.

Bishop, Morris, and Kenneth T. Rivers. *A Survey of French Literature. Third Edition. Volume One: The Middle Ages and the Sixteenth Century; Volume Two: The Seventeenth Century.* Newburyport (MA): Focus Publishing, 2005.

Bouty, M. *Dictionnaire des œuvres et des thèmes de la littérature française.* Paris: Hachette, 1985.

Castex, Pierre Georges, et Paul Surer. *Manuel des études littéraires françaises.* Paris: Hachette, 1946-53. Avec la collaboration de Georges Becker. Tomes 1-6 (Tome 3, XVIIe siècle).

Chamberland, Pascale, Marie Ferland et Sylvain Garant, compilation. *Guide Vidéo.* Québec: Éditions Fides et Boîte Noire.

Darcos, Xavier. *Histoire de la littérature française.* Paris: Hachette Éducation, 1992.

Dubois, J. and R. Lagane. *Dictionnaire de la langue française classique.* 2e édition. Paris: Librairie Classique Eugène Belin, 1960.

Durant, Will and Ariel. *The Age of Louis XIV.* New York: Simon and Schuster, 1963.

Lagarde, André, et Laurent Michard. *XVIIe Siècle: Les grands auteurs français du programme III.* Paris: Bordas, 1964.

Lewis, W.H. *The Splendid Century: Life in the France of Louis XIV*. Garden City (NY): Doubleday Anchor, 1957.

Mallet, Jean-Daniel. *La tragédie et la comédie*. Paris: Hatier, 2001.

Maltin, Leonard. *Leonard Maltin's Movie and Video Guide*. New York: Signet.

5. Tremplins: Pour aller plus loin

A. Sources possibles de *L'École des femmes*

Meun, Jean de, et Guillaume de Lorris. *Le Roman de la Rose* (1237-1277).

Rabelais, François. *Le Tiers Livre* (1552). Chapitres V, IX.

Scarron, Paul. *La Précaution inutile*, nouvelle (1655).

B. D'autres œuvres importantes du XVIIe siècle

Boileau, Nicolas. *L'art poétique* (1674).

Corneille, Pierre. *Le Cid* (1637).

Descartes, René. *Discours de la méthode* (1637).

La Bruyère, Jean de. *Les caractères* (1688-94).

La Fayette, Madame de (Marie-Madeleine, comtesse de). *La Princesse de Clèves* (1678).

La Fontaine, Jean de. *Fables* (1668).

La Rochefoucauld, François, duc de. *Maximes* (*Réflexions, ou Sentences et maximes morales*) (1664).

Pascal, Blaise. *Pensées* (1670).

Perrault, Charles, *Contes* (1697).

Racine, Jean, *Phèdre* (1677).

Sévigné, Madame de (Marie de Rabutin-Chantal, marquise de), *Lettres* (1725).

C. Cinéma, vidéos, enregistrements sonores

Votre bibliothécaire pourra vous aider à vous procurer les titres qui suivent.

Ils sont aussi disponibles sur Internet (*voir* www.amazon.com ou www.amazon.fr ou www.chapitre.com). Notez que certains films européens ne sont disponibles que sous format européen (DVD ou VHS). (La bibliothèque ou *media center* de votre école devra disposer d'un lecteur DVD ou VHS européen.)

Dramatisations des pièces de Molière:

Films Media Group (Films for the Humanities and Sciences) distribue des versions dramatisées des pièces de Molière, sous forme de VHS et de DVD, dont la plupart font partie de la Collection Molière, un projet récent de la Comédie-Française de Paris. Vous y trouverez:

Les Précieuses ridicules (1659), *L'École des femmes* (1662) (deux versions disponibles), *L'Impromptu de Versailles* (1663), *Le Mariage forcé* (1664), *Le Tartuffe ou l'imposteur*

(1664), *Dom Juan ou le festin de pierre* (1665), *Le Misanthrope* (1666), *Le Médecin malgré lui* (1666), *Le Bourgeois Gentilhomme* (1670), *Les Fourberies de Scapin* (1671), *Les Femmes savantes* (1672), *Le Malade imaginaire* (1673).

Adresse: Films Media Group: Films for the Humanities and Sciences
P.O. Box 2053
Princeton, NJ 08543
1-800-257-5126
www.films.com
e-mail: custserv@filmsmediagroup.com

L'Avare (1980, France), réalisé par Jean Girault et Louis de Funès, avec Louis de Funès, Michel Galabru et Claude Gensac.

Le Bourgeois Gentilhomme (1982, France), réalisé par Roger Coggio, avec Michel Galabru, Rosy Varte et Xavier Saint-Macary.

Don Juan 73 (1973, France). Adaptation inverse (féminine) de la pièce de Molière, réalisé par Roger Vadim, avec Brigitte Bardot, Maurice Ronet et Robert Hossein.

L'École des cocottes (1958, France). Libre adaptation comique, réalisée par Jacqueline Audry, avec Dany Robin, Fernand Gravey et Bernard Blier.

Le Tartuffe (1984, France), réalisé et interprété par Gérard Depardieu, avec François Périer et Élisabeth Depardieu.

Réalisation télévisée:

L'École des femmes, réalisé par Raymond Rouleau (ORTF 2ème Chaîne, 1973; Paris-Première, 1995). Interprètes: Bernard Blier (Arnolphe), Isabelle Adjani (Agnès), Gérard Lartigau (Horace), Robert Rimbaud (Chrysalde). Existe en vidéo.

Enregistrement sonore:

L'École des femmes: Disque de l'Encyclopédie sonore. Enregistré à Boston en 1951, produit par Pathé en 1955. Louis Jouvet y joue le rôle d'Arnolphe.

Deux versions cinématographiques de la biographie romancée de Molière:

Molière ou La Vie d'un honnête homme (1978 [1995], France), drame biographique, réalisé par Ariane Mnouchkine, avec Philippe Caubère, Joséphine Derenne et Brigitte Catillo (Vidéo Polygram).

Molière, texte par Mikhail Bulgakov. Réalisé par Dusty Hughes, Bill Alexander, interprété par Antony Sher (Royal Shakespeare Company, 1984).

Films qui traitent du XVIIe siècle en France:

L'allée du roi (1996, France). La grande histoire d'amour entre Françoise d'Aubigné (veuve du poète Scarron, devenue la marquise de Maintenon) et Louis XIV, le roi soleil. Réalisé par Nina Companéez, avec Dominique Blanc, Didier Sandre et Valentine Varéla.

Cyrano de Bergerac (1990, France). Vie romancée du poète et aventurier du XVIIe siècle (d'après la pièce d'Edmond Rostand, 1897), réalisée par Jean-Paul Rappeneau, avec Gérard Depardieu, Anne Brochet et Jacques Weber.

Cyrano de Bergerac (1950, États-Unis). Également adapté de la pièce de Rostand, réalisé par Michael Gordon, avec José Ferrer, Mala Powers et William Prince.

Journeys of the Sun King (2004). Documentaire touristique sur le palais de Versailles et la cour de Louis XIV (Planète Bleu Communications, Janson Media).

Louis, enfant roi (1993, France). En 1648, alors que la reine-mère assure la régence jusqu'à la majorité de Louis XIV, la Fronde (révolte des nobles) éclate à Paris. Drame historique réalisé par Roger Planchon, avec Maxime Mansion, Carmen Maura et Paulo Graziosi.

Marquise (1997, France). Après être passée par la troupe de Molière, une jeune danseuse, Marquise (devenue Mlle Du Parc), devient la maîtresse de Racine et l'idole de Versailles. Comédie dramatique réalisée par Véra Belmont, avec Sophie Marceau, Bernard Giraudeau et Lambert Wilson.

La prise du pouvoir par Louis XIV (1966, France). En 1661, à la mort du cardinal Mazarin, Louis XIV déclare son intention de prendre en main le gouvernement de son état. Colbert s'approche du jeune roi pour lui révéler les intrigues de Fouquet. Réalisé pour l'ORTF par Roberto Rossellini, avec Jean-Marie Patte, Raymond Jourdan et Silvagni.

Le roi danse (2000, France). Beau film représentant la cour de Louis XIV et le roi soleil vus par le compositeur et chef d'orchestre Jean-Baptiste Lully. Réalisé par Gérard Corbiau, avec Benoît Magimel, Boris Terral et Tchéky Karyo.

Roxanne (1987, États-Unis). Les circonstances sentimentales de Cyrano de Bergerac se traduisent dans une petite ville des montagnes Rocheuses. Réalisé par Fred Schepisi, avec Steve Martin, Daryl Hannah et Rick Rossovich.

Saint-Cyr (2000, France). Représentation de Mme de Maintenon, épouse très catholique (1683-1715) de Louis XIV (après la mort de Marie-Thérèse) et l'école qu'elle a établie en Normandie après la mort du roi pour l'éducation des jeunes filles. Réalisé par Patricia Mazey, avec Isabelle Huppert, Jean-Pierre Kalfon, Simon Reggiani et Jean-François Balmer.

Si Versailles m'était conté (1954, France). Histoire du palais de Versailles depuis ses débuts. Réalisé par Sacha Guitry, avec Michel Auclair, Jean-Pierre Aumont, Jean-Louis Barrault, Claudette Colbert, Danièle Delorme, Jean Marais, Édith Piaf, Gérard Philippe, Orson Welles, Brigitte Bardot...

The Three Musketeers (1974, Angleterre). Réalisé par Richard Lester; en anglais, mais considéré la meilleure représentation au cinéma du roman d'Alexandre Dumas. Se déroule à la cour de Louis XIII et du cardinal Richelieu. Avec Michael York, Charlton Heston et Oliver Reed.

The Three Musketeers (1993, États-Unis). Adaptation réalisée par Stephen Herek, avec Chris O'Donnell, Kiefer Sutherland et Tim Curry.

Tous les matins du monde (1991). La vie de Sainte-Colombe (1630?-1701), virtuose de la viole et maître de musique de Marin Marais (1656-1728), musicien et compositeur à la cour de Louis XIV. Réalisé par Alain Corneau, avec Jean-Pierre Marielle, Anne Brochet et Gérard Depardieu.

Vatel (2000, France-Angleterre). La vie et la mort de François Vatel (1635-1671), intendant et maître d'hôtel de Fouquet et du prince de Condé. Réalisé par Roland Joffée, scénario de Tom Stoppard, avec Gérard Depardieu, Uma Thurman et Tim Roth.

Le catalogue de Films Media Group sur Internet (www.films.com) offre aussi les titres suivants qui traitent de l'histoire et de la littérature du XVIIe siècle:

> « L'Ancien Régime »
> « Daily Life at the Court of Versailles »
> « Les gens de Paris au temps du roi soleil »
> « The Many Faces of Fontainebleau »
> « Jean de la Fontaine »
> « The Works of La Fontaine »
> Jean Racine, *Phèdre*

D. Musique et danse

Vous pourrez trouver des enregistrements des compositeurs français du XVIIe siècle, soit à la bibliothèque publique ou universitaire, soit sur internet.

Sainte-Colombe, Augustin Dautrecourt, dit (1630?-1701). Né à Lyon. Compositeur parisien et virtuose de la viole de gambe à laquelle il a ajouté une septième corde. Maître de Marin Marais. A écrit notamment *67 Concerts pour deux violes*.

Lully, Jean-Baptiste (1632-1687). Né en Italie. Danseur et mime. Est entré à la cour de Louis XIV en 1661 où il composait de la musique de danse. Chef des « petits violons du roi », un orchestre composé de 21 instruments à cordes. Dès 1664 a collaboré avec Molière dans une série de comédies ballets, précurseurs de l'opéra français, dont *Le Bourgeois Gentilhomme* (1670). Lully y a tenu le rôle du Mufti.

Marais, Marin (1656-1728). Né à Paris. Élève de Lully (composition) et de Sainte-Colombe (viole). Musicien à la cour de Louis XIV (Ordinaire de la chambre du Roi pour la viole). Chef de l'orchestre de l'Opéra de Paris. Compositeur de musique de chambre, d'instruments à corde et d'opéras.

E. Sites Internet utiles

N'oubliez pas que les sites Internet sont susceptibles d'être changés ou transférés à tout moment.

www.toutmoliere.net
www.comedie-francaise.fr
www.site-moliere.com/intro.htm
www.courttheatre.org/home/plays/9798/school/PNschool.shtml
www.2020site.org/moliere
www.theatredatabase.com/17th_century/moliere_001.html
www.imagi-nation.com/moonstruck/clsc35.html
www.discoverfrance.net/France/Theatre/Moliere/moliere.shtml
www.imdb.com (base de données sur le cinéma international)

Vocabulaire utile:
Pour parler d'un roman

L'œuvre et son auteur

une biographie
un chef-d'œuvre
un classique
une comédie
la comédie bouffonne
la comédie de caractères
la comédie de mœurs
le drame
les écrits *m. pl.*
une fable
une farce (la grosse farce)
le genre
une histoire
une légende
la littérature
le mélodrame
un mythe
la narration
l'œuvre *f.*
l'œuvre (complet) *m.*
l'ouvrage *m.* (= le texte)
une pièce (de théâtre)
le plagiat (= le vol littéraire)
la poésie
la prose
un récit (= une narration)
un résumé
une traduction
une tragédie

l'auteur *m.*
l'auteur (*m.*) dramatique
la carrière

la célébrité
la création
le/la dramaturge
la dramaturgie
l'écrivain *m.*
Il est écrivain. / Elle est écrivain.
le lecteur / la lectrice
le narrateur / la narratrice
un nom de plume
un pseudonyme
un traducteur / une traductrice

une analyse
un article
une citation
un compte rendu
le/la critique
la critique
l'éditeur (= la maison d'édition)
un essai
la parution
la publication
un tirage (= une édition)
une traduction

Une pièce de théâtre se compose de...

un acte
un aparté, en aparté (= parler bas)
la conclusion
le contenu
un coup de théâtre (= un événement
    imprévu)
un couplet
la dédicace

159

le dénouement
le deus ex machina (= le coup de théâtre)
un dialogue
le discours
un échange
l'entracte *m.*
une entrée (≠ une sortie)
l'épigraphe *f.*
l'épilogue *m.*
l'épisode *m.*
une épître
une expression
un extrait
la fin
une indication scénique
l'intermède *m.*
l'intrigue *f.*
un monologue
une note en bas de page
un passage
la péripétie (= un changement subit)
une phrase
une préface
le prologue
le quiproquo (= la méprise sur l'identité)
un récit (= une relation orale)
une référence
une rime
une scène
un soliloque
la suite
la trame (= l'intrigue *f.*)
un vers (= une « ligne » de poésie)
un vers alexandrin (= de 12 syllabes)

Le théâtre et son monde

les accessoires *m. pl.*
l'acteur / l'actrice principal(e), secondaire
applaudir
les applaudissements *m. pl.*
l'assistance *f.* (= le public)
assister à (= aller à)
le billet de théâtre
le bruitage (= le son)
le chef de troupe
le comédien / la comédienne
la compagnie (théâtrale)
le costume

le côté cour (= à gauche, l'acteur en face de la salle)
le côté jardin (= à droite, l'acteur en face de la salle)
dans les coulisses (≠ sur la scène)
le décor
le directeur (la directrice) de compagnie
la distribution (= tous les personnages)
donner en spectacle
l'éclairage *m.* (= la lumière)
l'effet (*m.*) scénique
faire du théâtre
faire ses débuts
le/la figurant(e) (= un rôle muet)
le héros / l'héroïne
l'interprète *m., f.*
le jeu (des acteurs)
jouer le rôle de
le maquillage
le metteur (la metteuse) en scène
la mise en scène
le mobilier de scène (= les meubles)
monter une pièce de théâtre
un nom de scène
l'ovation (*f.*) debout
le parterre (= les places les moins chères)
le personnage principal, secondaire
la première
le public
un rappel
répéter, faire répéter
la répétition
la représentation
le rideau
un rôle (jouer, tenir un rôle)
la salle de théâtre
saluer, saluer bas
la scène
le/la servant(e), le valet
le spectateur / la spectatrice
le spectacle
la star (*toujours une femme*)
la toile de fond
la tournée (en province)
la troupe
les tréteaux *m. pl.* (= le théâtre de foire)
la vedette (*homme ou femme*)

Parler d'une œuvre théâtrale

l'action *f.*
une allégorie
l'ambiguïté *f.*
l'apparence *f.*
un aspect
une attitude
un but (= un objectif)
le cadre (= le contexte)
le caractère (= la personnalité)
une caractéristique (= un trait de caractère)
une comparaison
un concept
une controverse (= une querelle)
le déroulement
un détail
le développement (= l'évolution *f.*)
l'écriture *f.*
un effet
l'ensemble *m.*
une épithète
l'équivoque *f.* (= mot à double sens)
un état d'âme
un euphémisme
un exemple
une explication
l'exposition *f.*
le fond
la forme
le goût
l'hyperbole *f.* (= l'exagération *f.*)
une image
l'imaginaire *m.*
l'interlocuteur / l'interlocutrice
l'ironie *f.*
le langage (= le style)
la langue (= le français, par ex.)
un lieu commun (= un cliché)
la litote (≠ l'hyperbole)
le lyrisme
la morale
une métaphore
les mœurs (de la société)
un mot-clé
le naturalisme
le niveau
une optique

une parodie
un pastiche
la personnification
un phénomène
une polémique
le portrait / l'autoportrait *m.*
un procédé (= une méthode)
un processus (= une évolution)
une qualité (≠ un défaut)
le réalisme
une réussite (≠ un échec)
le rythme
la satire
la sensibilité
le sentiment
la signification (= le sens)
la situation
le style
un symbole
la technique
un thème
une théorie
l'unité (*f.*) d'action
l'unité de lieu
l'unité de temps
la valeur, les valeurs
la voix
la vraisemblance (≠ l'invraisemblance *f.*)

Quelques adjectifs

ambigu(ë)
autobiographique
biographique
burlesque
célèbre (≠ inconnu[e])
classique
comique (≠ tragique)
contemporain(e)
contradictoire
dramatique
fictif / fictive
harmonieux / harmonieuse
héroïque
historique
hypocrite
idéalisé(e)
idéaliste
implicite (≠ explicite)

ironique
littéraire
lyrique
mélodramatique
moderne
mythique
narratif / narrative
naturaliste
parodique
poétique
précédent(e) (≠ suivant[e])
précis(e)
psychologique
réaliste (≠ idéaliste)
rimé(e)
romantique
satirique
stéréotypé(e)
théâtral(e)
tiré(e) de
tragique (≠ comique)
véritable, vrai(e) (≠ faux/fausse)
vraisemblable (≠ invraisemblable)

Verbes

s'adresser à
agir, il s'agit de
analyser
apprécier
avoir lieu
se caractériser
citer
commenter
comparer
composer, se composer de
se concevoir
concilier
confondre
se consacrer à
consister en
contraster avec
créer
critiquer
déceler (= découvrir)
déclarer
décrire
démontrer, montrer (= faire voir)
dénoncer

dépeindre
se dérouler
(se) développer
se distinguer par
ennuyer (≠ intéresser)
envisager (de)
éprouver (une émotion)
esquisser
être à l'origine de
être lié(e) à
évoluer
évoquer
exercer une influence sur
expliquer
(s')exprimer
faire allusion à
faire appel à
faire part de (= informer)
faire partie de (= appartenir à)
faire un contraste avec
faire un rapprochement entre
finir par
harmoniser
ignorer (≠ connaître)
illustrer
s'imposer (comme)
s'inspirer de
s'intéresser à
interpréter
mettre en évidence
mettre en relief
mettre en valeur
paraître
se passer
personnifier
plaire à (≠ déplaire à)
précéder (≠ suivre)
prendre conscience de
prôner (= promouvoir)
se prononcer (contre, pour)
proposer (de)
publier
raconter (= relater)
rédiger (= écrire)
se référer à (= faire référence à)
reprendre
représenter

se résumer
se retrouver
réussir à
se révéler
se produire (= arriver)
il me (lui...) semble que + *indicatif*
il semble que + *subjonctif*
se servir de (= utiliser)
signaler (= indiquer)
se situer (= se trouver)
souligner
symboliser
témoigner de (= prouver)
tenir à
tirer une conclusion de
toucher
traduire
traiter
valoriser (≠ dévaloriser)
viser (= avoir pour objectif)
vouloir dire (= signifier)

D'autres expressions

à ce moment-là
à cet égard
à cette époque
à la fois
à la première (dernière) page
à mon (son...) avis
à partir de
à partir du moment où
à propos de
à temps
à titre d'(exemple)
actuellement (= à présent)
après une lecture réfléchie
au fond
au fur et à mesure que
au même titre que
au moins
au sens figuré / au sens propre
auparavant
autrefois
bon, meilleur (≠ mauvais, pire)
cependant
d'abord
d'ailleurs
dans le cadre de

d'après
de façon (de manière) à
de nos jours
de toute façon
d'une part / d'autre part
dans une certaine mesure
de moins en moins (≠ de plus en plus)
de nouveau
de temps à autre
de temps en temps
du fait de/que
du moins
en ce moment
en ce sens que
en d'autres termes
en fait
en fin de compte
en même temps
en tant que
en réalité
en revanche
en tout cas
en/dans un sens
encore une fois
ensuite
envers
une espèce de
une fois
une fois pour toutes
mieux (≠ moins bien)
le moyen de
néanmoins
par contre
par moments
par rapport à
parfois
le passage cité ci-dessus / ci-dessous
la plupart du temps
les plus (beaux) (≠ les moins [beaux])
pourtant
quelquefois
selon moi
tout à coup
tout à fait
tout au long de
tout au moins
tout au plus

tout compte fait   tout de suite
tout d'un coup   un type de
tout de même   y compris

Remerciements/Acknowledgments

À mon mari, Bob O'Malley, qui est et qui sera pour toujours l'amour de ma vie, et à notre fille Maureen, l'amour de notre vie. — E.M.A.

À Léon, Simon, Aviva, Johanna et Darius pour leur appui et leur bonne humeur. — M.B.R.

We are grateful to our supportive friends at Focus Publishing: to Ron Pullins, for his overall vision and for working out every issue; to Linda Robertson, who transforms mere words into books; to Kathleen Brophy, for managing us; to David Horvath, for spreading the word; and to Anne-Christine Rice, for her attentive reading of the manuscript.

Warm thanks to Marina Bourgain, *camarade fidèle*, and to Dominique Bourgain, who read parts of the manuscript with a strong, native eye; to Bertha Sevilla, for her perspective as an experienced AP French Literature teacher and for sharing her classroom materials. We thank Natalie Schorr for her contributions to the original planning of this series and for her core *Vocabulaire utile*. Eileen thanks Inge C. Wimmers for continued literary inspiration and faithful support of all her research endeavors. Our hard-working librarians — at Green Library (Stanford University), at the University of California, Berkeley, and at the Palo Alto City Library — are at the source of this project. Special thanks go to Cathy Kress — librarian at the Roslyn Branch of the Abington Township Public Library, Pennsylvania — for her help in obtaining numerous editions of *L'École des femmes* and retrospective works on Molière.

From Eileen: to my family — my biggest fans. Thank you to my father Joseph A. Angelini, for your unique humor and your continuous, avid interest in my publishing endeavors; to my husband Bob O'Malley, for your undying loyal support, and for always making it possible for me to have quiet time to work; and to our daughter Maureen C. O'Malley, for showing me the joy of learning all over again.

From Myrna: to Leon Rochester, thank you for everything, and especially, here, for inexhaustible technical help; and to our remarkable children, Simon, Aviva, and Johanna Rochester, who grew up along with the deadlines, and now have plenty of their own.

About the Authors

Myrna Bell Rochester lives in Palo Alto, California. Her degrees are from the University of Chicago (Romance Languages) and the University of California, Los Angeles, where she received her Ph.D. in French. She studied at the Université de Genève during a four-year stay. Dr. Rochester has taught at UCLA and at Stanford University. Co-author of college textbooks and educational materials, including *Rendez-vous, Entrée en scène, Bonjour ça va?* and *Vis-à-vis*, she also lectures and publishes on topics in modern literature (*René Crevel: Le pays des miroirs absolus*, Stanford/Anma Libri). With Natalie Schorr, she prepared the recent Focus Student Edition of Camara Laye's *L'enfant noir*.

Eileen M. Angelini received her B.A. in French from Middlebury College and her M.A. and Ph.D. in French Studies from Brown University. She is Associate Professor of Foreign Languages and the Director of the Foreign Language Program at Philadelphia University. Dr. Angelini has won research grants from the U.S., French, and Canadian governments. She is a frequent presenter at national and regional conferences and the author of publications on literary analysis (*Strategies of "Writing the Self" in the French Modern Novel: C'est moi, je crois*, The Edwin Mellen Press), and on pedagogy, focusing on the professions and cross-cultural communication. Dr. Angelini is a Table Leader for the AP French Language Examination and a College Board Consultant.